정원에서 식물키우기

저자 **류병열**

서울시립대학교 환경원예학과 박사
삼육대학교 환경디자인원예학과 교수
저서 : 『화훼원예총론』, 『화훼식물명·용어해설』

정원에서 식물키우기

초판1쇄 발행	2023년 4월 10일
재판 2쇄 발행	2025년 5월 20일
지은이	류병열
펴낸이	이지영
디자인	Design Bloom 이다혜
펴낸곳	플로라그린
등 록	2025년 3월 4일 제 2025-000014호
주 소	경기도 의정부시 동일로 146
전 화	02.323.9850
팩 스	02.6008.2036
메 일	flowernews24@naver.com

ISBN 979-11-90717-79-3

이 책은 저작권법에 의해 보호받는 저작물이므로
플로라그린의 서면 동의 없이는 복제 및 전사할 수 없습니다.

잘못된 책은 구입처에서 교환해 드립니다.
책값은 뒤표지에 있습니다.

들어 가며

오늘날 도시에 사는 사람들에게는 자연을 통한 휴식의 기능이 크게 강조되고 있습니다.
정원에는 주제와 정원을 조성한 사람의 취향이 반영됩니다. 그렇기 때문에 정원을 가꾼다는 것은 사람의 품성과 인품을 향상시키기에 제격입니다.
또한 정원에 꽃이 만발한 모습은 심미적인 기능을 하기도 합니다.
그리고 건물의 용도와 관련되어 어떤 기능을 담은 외부 생활공간의 역할을 하기도 합니다.

정원과 식물의 내용이 아름다운 정원, 좋은 정원을 만들고 가꾸는 사람들에게 도움이 되었으면 좋겠습니다.

류병열

목차

1장. 식물의 구성   8
1) 식물의 구성   9
　① 식물체의 영양기관
2) 식물의 기능 및 효과   14
　① 식물의 기능
　② 식물의 효과

2장. 식물의 분류   17
1) 식물분류의 분류 기준   18
2) 식물의 명칭   18
　① 학명과 원예명 표기법
　② 보통명
3) 화훼식물의 분류   20
　① 식물학적 분류
　② 원예학적 분류

3장. 식물의 생육환경   33
1) 광환경   34
　① 빛(Light)
　② 자연광
　③ 광도와 생육
　④ 실내의 빛 증가시키기
　⑤ 광질
　⑥ 인공조명
　⑦ 고강도 조명(High-intensity lights)
　⑧ 일장과 생육
　⑨ 광주기의 이해
2) 온도와 환경   42
　① 생육온도
　② 원산지
　③ 온도와 개화

3) 수분환경   45
　① 수분과 식물
　② 수분의 흡수
　③ 수분부족현상
　④ 수분요구도
　⑤ 수분 조절

4장. 식물의 번식   49
1) 종자번식   50
　① 종자의 휴면
　② 종자의 수명
　③ 종자 발아
　④ 정원수목의 종자번식
　⑤ 종자의 파종
2) 영양번식   54
　① 무성번식의 장점
　② 무성번식의 종류

5장. 식물의 토양과 비료   61
1) 식물의 배양토   62
　① 토양의 일반적 특성
　② 노지토양(화단용 토양)
2) 원예식물이 비료   72
　① 식물의 필수 영양분
　② 비료의 종류
　③ 시비의 방법
　④ 시비시기

6장. 병충해 방제   77
1) 원예식물의 병의 종류와 방제   78
   ① 병의 뜻
   ② 병원의 종류
   ③ 병의 진단과 대책
   ④ 병의 발생과 환경
2) 원예식물의 병해충 방제 대책   79
   ① 병의 재배적 방제
   ② 병의 물리적 방제
   ③ 해충의 재배적 방제
   ④ 농약에 의한 방제(화학적 방제)
3) 병충해의 종류와 방제법   85
   ① 병해의 종류와 방제법
   ② 충해의 종류와 방제

7장. 잡초방제   93
1) 잡초의 정의   94
2) 잡초의 특성   94
3) 잡초의 분류   94
   ① 형태의 따른 분류
   ② 생활형에 따른 분류
4) 잡초의 방제   96
   ① 잡초방제 시기
   ② 잡초 제거하는 법
   ③ 물리적 잡초방제
   ④ 화학적 잡초방제(제초제)
5) 잡초의 종류 및 특성   99
   ① 일년생 잡초
   ② 2년생 잡초
   ③ 다년생 잡초

8장. 정원의 유지 관리   110
1) 정원 관리   111
   ① 가지 다듬기
   ② 가지 다듬기의 시기
   ③ 다듬어야 하는 가지
   ④ 가지 다듬기용 연장
   ⑤ 보호와 관리
2) 거름주기와 병충해 방제   115
   ① 거름의 종류
   ② 병충해 방제
3) 잔디밭의 관리   117
   ① 잔디 깎기 작업
   ② 뗏밥 넣기
   ③ 물주기
   ④ 거름주기
   ⑤ 잡초제거

9장. 정원의 개념과 양식   119
1) 정원의 개념   120
   ① 정원의 양식
2) 각국의 정원양식 발달과 형식   122
   ① 동양 정원
   ② 유럽 정원
   ③ 미국의 정원

10장. 화단의 조성과 관리   127
1) 화단의 구성과 특성   128
① 화단설계의 주의점
② 형태에 의한 특성
2) 화단설계 및 시공   129
① 화단의 위치
② 화단의 설계
3) 화단의 종류   129
① 계절별 화단
② 입체 화단
③ 평면 화단
4) 공중걸이와 벽걸이   145
① 뜻과 의의
② 매다는 형태에 따른 분류
③ 공중걸이 화분의 이용 장소에 따른 구분
④ 식물의 선택
⑤ 용기의 종류 및 준비
⑥ 배양토
⑦ 식재 및 관리

11장. 주택정원   149
1) 주택정원의 특징   150
2) 정원계획의 주의점   150
① 감상면에서 본 정원계획
② 기능면에서 본 정원계획
3) 주택정원의 설계   150
① 조사와 분석
② 기본계획
③ 설계
④ 시공
⑤ 관리
4) 계획을 위한 조사분석   151
① 대지 및 주변환경
② 이용자에 관한 사항
③ 프로그램의 종합
5) 기본계획   152
① 주택정원의 기능분할
② 주택정원의 계획 및 설계
6) 주택정원의 식물 식재 계획   154
① 식재방법
② 주택정원용 식재 식물의 종류와 특성

12장. 실내정원   161
1) 실내정원의 의의   162
2) 도시환경과 식물   162
① 도시환경
② 도시 내의 식물의 효과
3) 식물과 인간   164
① 녹색이 주는 효과
② 식물이 인간에게 주는 일반적인 효과
4) 식물과 환경   165
① 식물의 공기정화기능
5) 실내정원의 범위   167
6) 실내정원의 효과   168
① 심리적
② 건축적 효과
③ 환경조절 효과
7) 실내식물 가꾸기   169
① 식물생육에 적합한 장소
② 빛의 세기에 따른 관엽식물 종류
③ 온도에 따른 관엽식물 종류
④ 수분 요구도에 따른 관엽식물의 종류

13장. 옥상정원　　　　　　　　181
1) 옥상정원　　　　　　　　182
2) 옥상정원의 필요성　　　　　　　　182
3) 도시 내의 식물의 효과　　　　　　　　182
4) 옥상의 환경과 구조 및 시설물　　　　　　　　183
5) 옥상정원 시공 시 고려사항　　　　　　　　183
　① 배수
　② 바람
　③ 온도 및 관수
　④ 방수
　⑤ 잡초 및 병충해
6) 옥상정원용 식물의 특성　　　　　　　　184
　① 옥상정원용 식물 소재의 구비조건
　② 옥상정원용 식물의 종류 및 특성

14장. 수생정원　　　　　　　　190
1) 수생정원(연못)의 조성과 유지관리　　　　　　　　191
2) 수생정원의 설계　　　　　　　　191
3) 콘크리트를 이용한 수생정원 만들기　　　　　　　　192
4) 방수포를 이용한 연못 만들기　　　　　　　　193
5) 수생정원용 식물의 종류 및 특성　　　　　　　　194
　① 수생식물의 정의
　② 수생식물의 특징
　③ 수생식물의 생육환경
　④ 수생식물의 구성
　⑤ 수생식물의 종류 및 특성

15장. 암석정원　　　　　　　　207
1) 암석정원의 조성　　　　　　　　208
　① 암석정원 조성의 준비자재
　② 암석정원 조성
2) 월가든 조성　　　　　　　　210
　① 월가든 조성 장소 및 규모
　② 월가든 조성 방법
　③ 월가든 조성 작업
3) 암석정원 및 월가든 식재 식물의 종류　　　　　　　　213
　① 고산식물
　② 다육식물
　③ 기타 건조에 강한 식물

1장
식물의 구성

식물의 각 기관은 저마다의 특별한 역할이 있어서 모두 제 기능을 발휘할 때 건강한 고유의 모습을 가질 수 있다. 아래 그림을 보면 뿌리, 줄기, 잎, 꽃을 포함하여 식물의 각 부분들에 대해 익숙해질 수 있을 것이다. 식물의 각 부분에 대해 잘 알게 되면 식물을 보다 잘 이해할 수 있고, 궁금했던 많은 부분이 해소될 것이다. 또한 식물을 돌보는 기술도 좋아지고 분갈이나 번식같은 복잡한 작업도 간단하게 처리할 수 있게 된다.

1) 식물의 구성

식물의 형태는 식물의 종류마다 다양하나, 영양기관은 뿌리·줄기·잎의 세 기관으로 구분되고, 번식기관은 꽃·열매·종자 등으로 구분된다.

① 식물체의 영양기관

식물체는 일반적으로 뿌리·줄기·잎 등의 영양기관으로 구성되어있다.

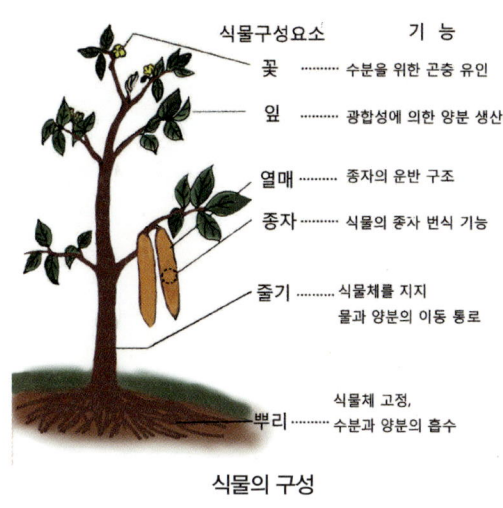

식물의 구성

· 뿌리

뿌리는 땅속에서 수분과 양분을 흡수하는 기능을 가지고 있는 기관으로, 지상부를 지지하는 역할을 한다. 일반적으로 근관과 근모로 되어있다. 근관은 뿌리의 생장점을 모자형태로 덮어 싸고 있어 보호하는 조직이며, 뿌리가 토양으로 자라게 하고 뿌리의 생장점을 토양과의 마찰로부터 보호해준다.

근모는 뿌리 끝 부분에 밀생하는 조직으로, 뿌리의 표면적을 증가시켜주며, 토양 중의 수분을 흡수하는 역할을 한다. 토양 중에 있는 뿌리를 지중근, 공기 중에 있는 뿌리를 기근, 수중에 있는 뿌리를 수중근이라고 분류하기도 한다.

배의 유근이 발육하여 크게 자란 것을 주근이라 하는데 이것은 나자식물과 쌍자엽식물에서 잘 발달한다. 측근은 주근으로부터 분지되어 측면에서 사라는 뿌리로 주근의 피층과 표피를 관통하여 표면으로 자라나온다.

단자엽식물의 대부분은 주근의 생장이 조기에 정지되고 부정근이 잘 발달하는 수염뿌리로 되어있다. 주근과 측근을 구별할 수 없다.

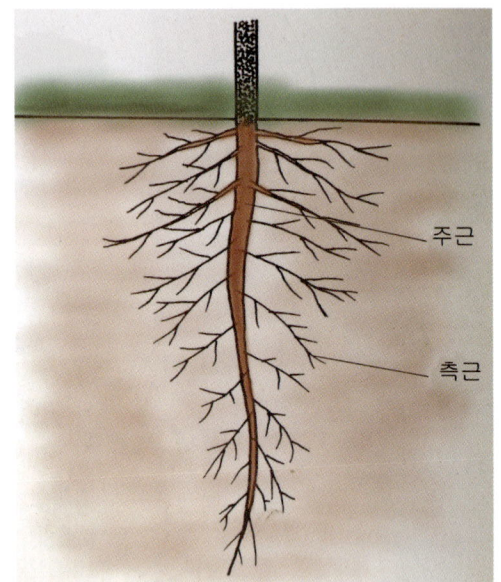

뿌리의 구조

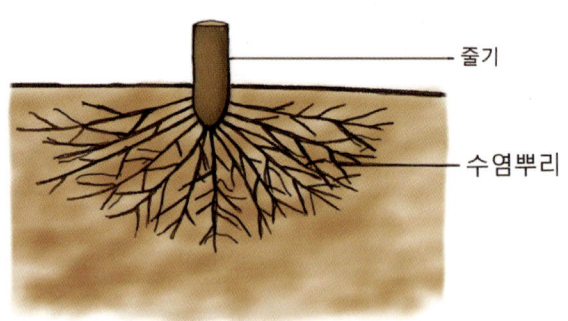

수염뿌리

· 줄기

식물체의 지상부를 지지하는 역할을 하며, 잎을 받치고 공간에 펼쳐서 대기중에서 생존에 필요한 가스를 충분히 흡수하고, 태양광선을 잘 받아들일 수 있도록 배열하고 있다. 줄기는 또한 뿌리로부터 흡수한 물과 무기영양분을 잎으로 전달시키며, 잎에서 합성된 영양분을 식물체의 각 부분으로 전달하여 주는 통로역할을 한다. 또한 동화산물을 저장하기도 한다.

줄기의 신장생장은 그 끝에 분열조직이 있어 이의 분열증식에 의해서 이루어진다. 줄기의 생장과 잎의 발생은 밀접한 관계가 있다. 줄기와 줄기에 붙은 잎을 신초(shoot)라고 한다. 신초가 전개되지 않은 것을 눈(bud)

라고 하고 이것이 발달하여 줄기, 잎, 꽃이 된다. 줄기 끝에 있는 눈을 정아, 잎자루와 가지가 만나는 사이에 생긴 눈을 측아라고 한다. 일반적으로 정아가 측아보다 생육이 좋은데 이것을 정아우세라고 하고, 정아를 제거하면 측아의 발달이 좋아진다.

잎과 줄기가 붙어 있는 부분을 마디(node)라고 하고, 마디 사이에 있는 줄기 부분을 절간(internode)이라 구분한다. 마디에는 하나 또는 그 이상의 잎이 부착되어 있다.

양치식물과 종자식물의 줄기, 잎, 뿌리 등에 있는 수분과 체내 물질 등이 통과하는 통로를 유관속 또는 관다발이라고 한다. 관상세포가 주체로 되어 있으며 쌍떡잎식물의 줄기에서는 안으로 도관, 체관의 순서로 배열되어 있다. 도관은 물의 이동통로로 이용되고, 체관은 잎에서 만든 광합성 산물을 뿌리로 이동하는 통로로 이용되고 있다. 또한 쌍떡잎식물의 줄기는 제2기 생장이 진행됨에 따라 관속형성층이 속간 유조직을 통해서 연결되어 형성층환을 이루는데, 유관속내의 도관과 체관의 사이에 있는 유관속내형성층과 유관속을 연결하는 같은 위치에 있는 유관속 간 형성층이 있다. 형성층은 줄기를 비대하게하는 분열조직으로 안쪽으로의 세포분열이 봄과 여름에는 왕성해서 큰 세포를, 가을부터는 완만해서 작은 세포를 만들어 동심원 모양의 나이테를 갖는 목재가 만들어진다. 외떡잎식물의 줄기는 표피에 쌓여 있는 기본 조직속에 관다발이 산재되어 있다. 각각의 관다발에 목부와 체관부가 나란히 배열되어 있으나 그사이에 형성층이 없어 비대생장은 하지 않는다.

줄기의 구조

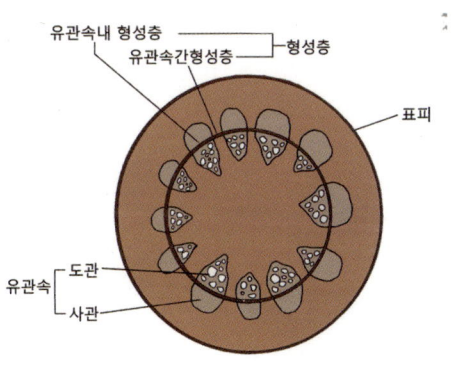

쌍자엽식물의 줄기단면도

· 잎

관속식물에 있어서 잎은 뿌리, 줄기와 함께 식물의 영양기관을 구성하고 있으면서 줄기에 규칙적으로 편평한 형태를 하고 있다. 잎을 구성하는 세포는 엽록체로 모든 생물의 생명의 원천인 광합성을 하면서, 호흡과 증산활동을 하고 있다. 이렇게 잎의 본래의 기능을 가진 잎을 보통 잎이라고 한다. 잎은 기본적으로 엽신, 엽병, 턱잎의 3부분으로 구별된다. 이 3부분을 다 갖춘잎을 완전잎이라고 하고, 3부분을 다 갖추고 있지 않은 잎을 불완전잎이라고 한다.

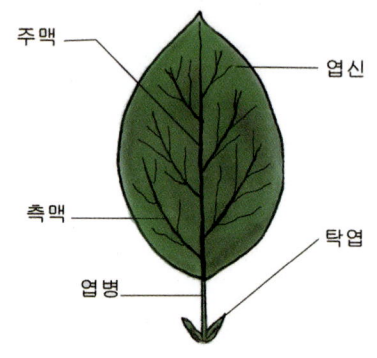

잎의 구조

엽신은 잎의 넓고 큰 부분으로 일반적으로 편평하고, 잎의 본체라고 할 수 있다. 엽신의 형태는 종류에 따라 다양하다.

엽병은 잎과 줄기사이를 연결해주는 부분으로 엽신과 줄기사이의 물질 이동 통로 역할을 하고, 엽신을 적당한 위치에 유지시키는 역할을 한다.

잎과 줄기가 만나는 부분의 엽상, 돌기상, 바늘 등의 형태의 모양을 탁엽이라 한다. 마주나는 잎의 엽병과 엽병사이에 나타나는 탁엽을 엽간탁엽이라 한다.

잎이 줄기나 가지에 붙어 있는 자리가 어떻게 되어 있느냐에 따라 마주나기(대생), 어긋나기(호생), 돌려나기(윤생) 등으로 구분한다.

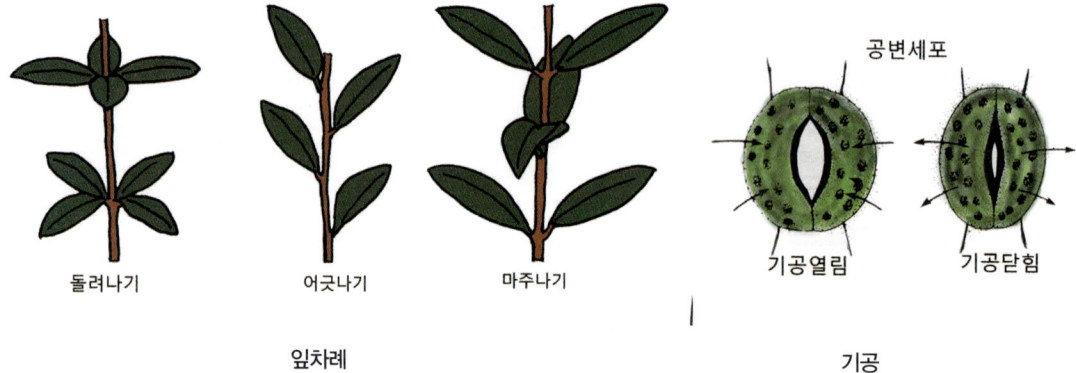

잎차례   기공

주로 엽신의 표피에서 공기와 수증기의 출입이 이루어지는 작게 비어있는 부분을 기공이라한다. 기공은 공변세포라고 하는 2개의 세포와 그 공변세포 사이의 공간으로 구성되어 있다. 안과 밖의 조건에 따라 공변세포가 구부러져 기공이 열리고 닫히고 한다. 기공이 열리고 닫히는 요인은 증산량의 변화와 식물체 내의 수분함량의 조정에 의해서 조절된다. 기공은 잎의 아래 부분에 주로 분포하고 있으며, 많은 엽록체가 들어 있어 빛을 받으면 광합성작용으로 당분의 함량이 증가하면서 삼투압이 높아져 수분이 흡수되면서 열리게 된다.

엽신에는 엽맥이 있는데, 중앙에 있는 굵은 부분을 주맥이라 하고, 여기서 좌우로 갈라져 나가는 맥을 측맥이라 한다. 측맥이 주맥과 같은 방향으로 평행하면 평행맥이라 하고, 깃털모양, 손바닥 모양 또는 이를 합한 형태로 갈라져 나간 것을 그물맥이라 한다. 엽맥은 잎의 기부에 모여서 엽병으로 연결된다.

· 꽃

꽃은 종자식물(나자식물과 피자식물)의 생식의 역할을 하는 기관이다. 구조상 주요기관인 꽃술과 보조기관인 화피의 두 부분으로 구성되어 있다. 꽃술은 암술과 수술로 이루어져 있으며, 암술은 암술머리, 암술대, 자방으로 이루어져 있고, 수술은 꽃가루를 담고 있는 꽃가루주머니와 수술대로 구성되어 있다.

꽃받침과 꽃잎은 생식의 역할을 하지 않으나, 수분을 매개하는 곤충의 유인하는 역할을 한다. 꽃은 일반적으로 선단부터 암술, 수술, 꽃잎, 꽃받침의 순서로 배열되어 있다. 그림. 꽃의 구조

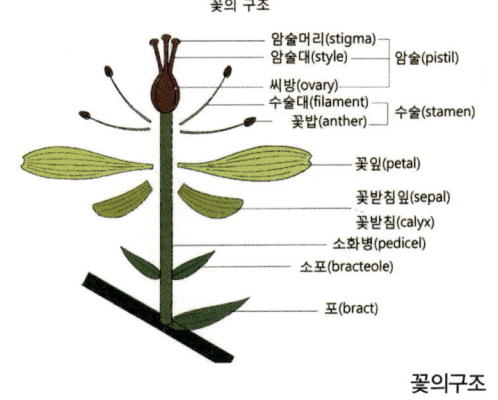

꽃의구조

암술은 꽃의 중심에 위치하는 기관으로 자방, 암술머리, 암술대로 이루어져 있다. 하나의 꽃의 암술은 1개인 것이 대부분이나, 2개~다수가 있는 경우도 있다. 주두는 암술의 상단부에 있으며 꽃가루를 받는 기관으로, 점액과 털이 복합적으로 이루어져 꽃가루를 받아들이기 쉽게 되어있다. 암술대는 자방과 암술머리 사이에 원주상의 부분으로 암술머리가 화분을 받아들일 수 있게 돌출되어 있다. 암술의 심피 안에 있는 태좌에 밑씨가 있으며 밑씨 안에서 배낭이 형성된다. 꽃가루가 암술머리에 붙는 것을 수분이라 하고, 꽃가루 안의 정핵이 씨방 안의 밑씨로 들어가 배낭 안에 있는 난핵 또는 극핵과 만나서 접합되는 것을 수정이라고 한다. 수정 후 밑씨가 자라서 종자가 되고, 밑씨 바깥부분을 구성하고 있는 자방벽이 발달하여 열매가 된다.

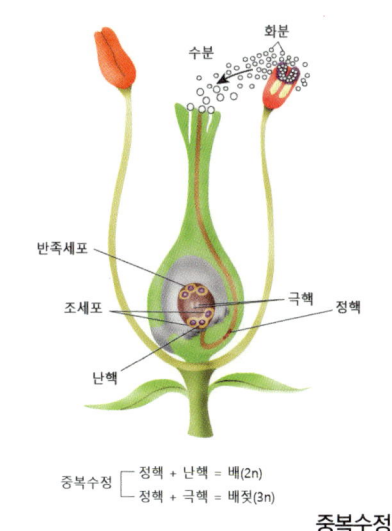

중복수정

수술은 꽃가루가 들이있는 꽃가루주머니와 꽃가루주머니를 지지하는 수술대로 이루어져 있다. 꽃잎은 암술과 수술을 보호하는 기관으로 생식에 직접적으로 관여하지 않는다. 다양한 색채를 가지고 있어 꽃가루를 매개하는 곤충을 유인하는 역할을 한다. 그림. 중복수정

꽃은 하나씩 따로 피기도 하지만 여러 개가 다양하게 모여 피기도 하는데, 이 배열 방식을 화서라고 한다. 화서를 크게 분류하면 단일화서와 복합화서로 분류하기도 한다. 그밖에 특정한 식물의 중간에 볼 수 있는 특수화서와, 모양을 따라 부르는 화서도 있다. 단일화서는 총상화서, 수상화서, 육수화서, 산방화서, 산형화서,

두상화서 등으로 구분한다. 복합화서는 복총상화서, 복산형화서, 복집산화서 등으로 구분한다.

자방의 위치가 꽃잎이나 수술보다 위에 위치한 상태를 자방상위라 하고, 자방의 위치가 꽃잎이나 수술보다 아래에 위치한 상태를 자방하위라 하며, 꽃잎과 수술이 자방의 중간에 위치한 상태를 자방중위의 꽃이라고 구분한다.

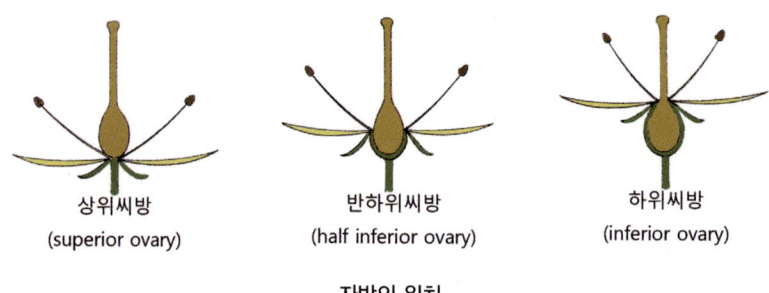

자방의 위치

2) 식물의 기능 및 효과

① 식물의 기능

식물의 기능은 생산자원, 문화자원으로서의 기능과 환경정화 측면에서의 중요성과 심각해져가는 자연환경 파괴에 식물을 이용한 복원 기능이 있다.

· 산소공급과 CO_2 정화기능

인류의 생활이 발전할수록 화석연료의 사용량은 증가되고, 연소 시 발생되는 CO_2는 생태계에서 전량이 순환되지 못하고 대기 중에 정체되어 최초 100년 동안 대기 중 CO_2 농도를 14%나 증가 시켰으며, CO_2증가는 지구의 온실효과에서 하나의 요인으로 작용하고 있는데, 이러한 CO_2와 각종 대기오염 물질을 정화시킬 수 있는 것이 녹색식물이다. 녹색식물은 공기 중의 CO_2, 토양의 물과 태양에너지를 이용하여 물질생산을 하는 광합성을 함으로써 다량의 산소를 배출한다. 인간의 생활에서 배출되는 폐기물인 CO_2를 흡수하고 대신 인간에게 절대적으로 필요한 산소를 공급해 주는 녹색식물은 인간의 생활에 중요하고 고마운 존재이다.

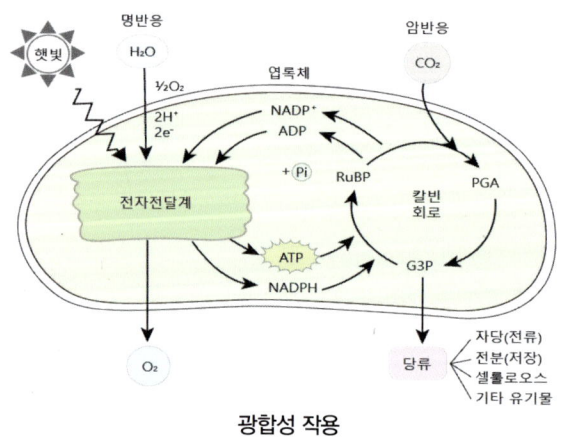

광합성 작용

· **삼림욕기능**

삼림식물의 잎은 살균 또는 살충성의 화학물질을 분비하는데 이를 피톤치드(phytoncide)라고 한다. 침엽수는 1ha에서 하루에 30kg, 활엽수는 2~3kg의 피톤치드를 분비하기 때문에 삼림은 거대한 살균실의 역할을 하고 있다고 할 수 있다. 또한 삼림욕은 피톤치드 효과도 있지만 스트레스를 해소시키고 마음을 안정시키는 효과도 크다.

② **식물의 효과**

식물에 대한 이해와 감상은 우리의 삶을 더욱 풍요롭게 해준다. 우리 주변에서 보다 손쉽게 접하고 감상하며 즐길 수 있는 자연중의 하나가 녹색의 식물들로써 녹색은 평화와 평온의 상징이다. 이들 녹색 식물을 곁에 두고 보는 즐기는 일은 현대인에게 여러 가지 의미를 부여해 준다.

급속한 물질문명의 발달과 산업화로 시민들의 경제적 생활수준이 높아졌으나 문화적, 정신적 수준은 그에 미치지 못해 이로 인한 부작용이 적지 않다. 시민정서의 순화문제, 여가선용, 공해문제 등의 해결 내지는 최소화하고자 하는 열쇠는 일반 시민의 의식에 달려 있다. 정원이나 거리에서 정원수나 가로수를 가꾸고 화단에 꽃과 잔디를 심는 일은 녹색의 평화로움에 따른 정서의 안정, 소음과 분진의 경감, 대기의 정화 등에 효과가 있다.

· **공기정화 효과**

식물은 휘발성 유기화합물이나, 비휘발성 유해기체를 제거하는 능력을 갖고 있다. 실외에서 자라는 식물의 공기정화는 광합성이 원활히 이루어질 수 있는 광조건에서 오염물질을 제거한다. 오염물질을 기공으로 흡수하여 CO_2의 대사과정과 비슷한 경로에 의해서 대사산물로 이용하거나, 해독과정을 거쳐서 대부분 제거 된다. 그러나 실내식물은 광이 충분하지 않아 탄소동화작용이 실외식물에 비해 거의 이루어지지 않아 오염물질을 흡수하여 대사물질로서 제거하는 양은 매우 적다. 실내식물이 오염물질을 제거하는데 효과적인 이유는 실내식물에 오염물질이 주어질 경우 잎에서 흡수된 오염물질을 근권부로 전류시켜 토양내 미생물을 활용하기 때문이다. 토양내의 미생물은 여러 가지 형태로 기주식물이 건강하게 생육하도록 도와준다. 또한 식물의 뿌리에서 분비되는 물질은 미생물의 번식을 촉진하는 상호 공생의 역할을 한다. 이러한 공생관계에서 식물은 기체상의 유해 유기물을 기공을 통해 흡수한 후 이것을 근권부로 내려 보내면 이 물질이 미생물의 영양원이 된다. 이와 같은 과정에 의해 실내외의 식물이 오염물질을 제거하는 공기정화 기능을 가지고 있어 현재 생활공간에서 많이 이용되고 있다.

· **음이온 상승효과**

우리의 신체가 식물과 함께 있음으로써 사헌의 균형을 회복한다는 사실은 이온 균형(ion balance)이라는 관점에서 살펴볼 수 있다. 이온 균형이란 지구상의 생명을 가진 것은 모두 양이온과 음이온이 항상 경합하여 중화 상태가 될 때 비로소 건강해진다고 하는 개념이다. 우리의 인체가 건강을 유지하기 위해서는 $1cm^3$당

400~1,000개의 음이온이 존재해야 한다. 그러나 매연, 미세먼지, 휘발성 유기화합물 등 대부분의 대기오염물질은 양이온으로 대전 되어 있어 양이온을 증가시킴으로써 이온 균형이 무너지고 이로 인해 건강을 해치는 원인이 되고 있다. 음이온은 계곡의 물가, 폭포, 분수 등 물 분자가 격렬히 운동하는 곳과 산림 등과 같이 식물의 광합성 및 증산작용이 활발한 곳에서 다량 발생하며 태양의 자외선에 의해 생성되기도 한다. 이러한 음이온은 자율신경의 진정, 불면증 해소, 신진대사 촉진, 혈액을 정화 등의 효과가 있다. 우리의 몸이 정신적 긴장, 육체적인 피로, 스트레스를 받을 때 양이온이 과다하게 방출되므로 이 양이온을 몸 밖으로 배출되지 않으면 각종 신경통이나 경련, 신경장애 등이 나타난다. 숲에서 많이 발생하는 음이온은 사람들의 양이온을 상쇄시켜 자율신경을 안정시키는 작용을 한다.

· 온·습도 조절 효과

식물의 기공을 통한 증산이나 식재용토의 표면으로부터 증발하는 수분에 의해 습도가 조절된다. 대기가 건조하면 증산과 증발량이 증가하고, 습하면 감소하는 자기조절 능력이 있다. 증산에 의해서 형성되는 대기의 습도는 완전한 무균상태이다. 실내 공간에 약 10%의 식물을 두면 여름철에는 약 2~3℃ 정도 실내 온도를 떨어뜨릴 수 있고, 겨울철에는 실내 온도를 높일 수 있다. 또한 습도를 최고 20%까지 증가시킬 수 있다. 또한 식물은 호흡작용으로 열을 흡수하고, 그늘을 제공하는 등 자연적 에어컨디셔너의 역할을 한다.

※ 유독식물 (Ponsonous plants)

잎은 먹고 사는 해충으로부터 자신을 보호하기 위해 어떤 식물들은 매우 쓴맛이 나는 독성 혼합물로 무장하고 있다. 그래서 애완동물이나 사람이 먹었을 때 뭔가 찌르고 입이 불타는 듯한 느낌이 들거나, 입이나 목이 부풀어 오르기도 한다. 이럴 경우 사람은 바로 식물을 뱉어내지만, 애완동물은 그렇지 않아 이런 식물을 키우는 것이 위험할 수도 있다. 아래 적힌 식물과 애완동물이 잘 지내고 있다면 그리 걱정할 필요는 없다. 그렇지만 어린 강아지나 고양이가 이들 식물 중 하나를 씹고 나서 아프게 되면 수의사에게 어떤 식물이 문제를 일으켰는지 알려 주어야 한다. 독성혼합물은 식물 종류에 따라 다양하기 때문이다

주의해서 다루어야 하는 식물.

· 포유동물이 먹었을 때 독이 되는 식물

어떤 식물들은 포유동물이 섭취했을 때 독이 되는 독성 화합물을 가지고 있다.
(안수리움, 국화, 가시나무, 디펜바키아, 잉글리쉬 아이비, 옥천앵두, 필러덴드론, 포인세티아, 스킨답서스, 몬스테라, 싱고니움)

· 피부를 자극하는 식물

어떤 식물들은 즙액에 피부에 자극이 되는 화학성분을 포함하고 있는데, 개인차가 있다. 안전을 위해 가지치기하거나 분갈이할 때 장갑을 끼도록 한다.
(용설란, 안수리움, 꽃기린, 잉글리쉬 아이비, 필러덴드론, 피기백 플랜트, 포인세티아, 싱고니움)

2장
식물의 분류

1) 식물분류의 분류 기준

식물분류는 식물을 연구하는 학문의 기본이 되는 것으로, 식물분류는 학문과 과학의 발달로 더 구체화 되어 가고 있다. 특히 원예식물은 그 종류가 대단히 많으므로 이들을 체계적으로 명확하게 분류한다는 것이 쉬운 일이 아니다. 원예식물들을 여러 가지의 기준에 따라 체계적으로 분류해 놓고 보면 원예연구나 이용 면에서 많은 정보를 얻을 수 있다.

원예식물의 전반적인 연구를 위해 여러 가지 기준에 의해 분류할 수가 있으며, 크게 식물학적으로 자연분류 하는 방법과 관상학적으로 이용 면을 고려하여 분류하는 원예학적 분류 방법이 있다.

2) 식물의 명칭

약 300년 전 칼 린네(1707~1778)라는 스웨덴 학자가 식물의 속과 종을 나타내는 두 단어로 구성된 식물명을 사용하자고 주장했다. 린네는 일생동안 식물을 분류하고 이름을 지으며 지냈고 그가 고안한 방법이 지금까지 사용되고 있다. 학명은 세계적으로 통용되는 식물의 세계 공통어이다.

학명을 이해하는 한 가지 방법은 그것을 성이 먼저 오는 영어 이름으로 생각하는 것이다. 예를 들어 "Jones John"이라는 사람이 있다고 생각해보자. Jones는 어느 정도 유사한 사람들의 그룹이고 John은 특정한 한 사내이다. 똑같이 Ficus는 figs와 benjamina(종이름)을 포함하는 속의 이름이다. 학명에서 작은따옴표 안의 이탤릭체가 아닌 단어는 변종이름이다. 예를 들면 *Ficus benjamina* 'Starlight'. 학명사이에 있는 x는 그 식물이 다른 종들 간의 교배에 의해 만들어진 교배종임을 나타낸다. 몇몇 교배종들은 너무나 복잡하게 만들어져 원래 그들이 어떤 종들이었는지 밝혀 낼 수 없을 때도 있다. 교배종 난초, 튤립 같이 꽃이 피는 식물들이 이런 길고 복잡한 계통을 가지고 있다. 식물명은 좋아하는 실내식물을 더 연구하고 싶거나 특정 식물을 추가로 구입하고자 할 때 유용하다. 학명을 발음하는 것은 너무나 다양해서 라틴어가 휴면의 언어라고 생각하는 것이 놀라운 일도 아니고 종교적 과학적 반경 밖에서 말해지는 법도 드물다. 이 책에서 소개된 발음하는 법은 보편적으로 사용되는 것이다.

발음하는 데 있어 절대적으로 옳고 그름은 없다는 점도 명심하라. 발음하는 법에 관계없이 식물명으로 특정 식물을 정확하게 확인할 수 있다..

① 학명과 원예명 표기법

학명의 표기는 국제식물명명 규약에 따라 라틴어로 쓰여지고 라틴어 발음으로 읽는다. 속명과 종명, 변종명, 품종명은 이태릭체로 쓰며, 속명의 첫 글자는 이태릭체 대문자로 쓴다. 명명자는 인쇄체로 쓰되 첫 글자는 대문자로 쓰며, 이름이 길 때는 짧게 음절을 끊어서 쓰고 약자표시로 점(.)을 찍는다. 변종이라는 표시는 varietas를 줄여서 var. 또는 v. 로 쓰며, 품종의 표시는 forma의 약자로 for. 또는 f. 로, 재배종은 culture variety 또는 cultivar의 약자로 cv.로 표시한다. 예를 들어 진달래의 학명은 **Rhododendron mucronulatum** Turcz., 흰진달래의 학명은 *Rhododendron mucronulatum* Turcz. for. *Albiflorum* T.Lee.로 표기한다.

② **보통명**

보통명(common name)은 각 나라마다 그 나라 국민들이 자신들의 모국어로 지어 부르고 있는 식물명으로서 향토명, 상업명, 통용명을 통칭하여 말한다. 보통명은 각 나라마다 옛날부터 일반적으로 민간에서 불리어져 내려오고 있었기 때문에 같은 식물이라도 언어나 종족에 따라 이름이 다를 뿐 아니라 같은 나라에서도 자생지나 지역에 따라 각기 달라 혼란이 있을 수가 있으므로 공신력이 없다. 따라서 학계에서 전 세계적으로 사용하기에는 곤란하며 국한된 지역에서 그 이름에 익숙한 언어권이 같은 민간이나 상인들에게 주로 통용되는 식물의 이름이다. 보통명 작명의 예로 시각에 의한 보통명으로 종꽃(종모양), 오죽(줄기색), 촉감과 시각에 의한 보통명으로 끈끈이주걱(점액과 잎 모양), 후각에 의한 보통명으로 향나무(나무향기), 생강나무(수피냄새), 청각에 의한 보통명으로 꽝꽝나무(불에 탈 때 나는 소리) 등이 있다.

진달래

흰진달래

종꽃

끈끈이주걱

하늘나리

3) 화훼식물의 분류

① 식물학적 분류

모든 식물의 형태나 생리, 생태적 특성을 비교해 보면 상호간의 유사성과 상이성을 발견 할 수가 있는데, 이와 같이 유연관계가 있는 공통적인 특색을 가진 종(種; species)들을 같은 속(屬; genus)으로 포함시키고 유연관계가 가까운 속을 정리하여 과(科; family)에 통합시켜 식별하는 방법이다. 이들 식물의 분류 체계는 계(界)·문(門)·강(綱)·목(目)·과(科)·속(屬)·종(種)·변종(變種)·품종(品種)으로 나누며 원예식물을 분류하는데 기초가 된다.

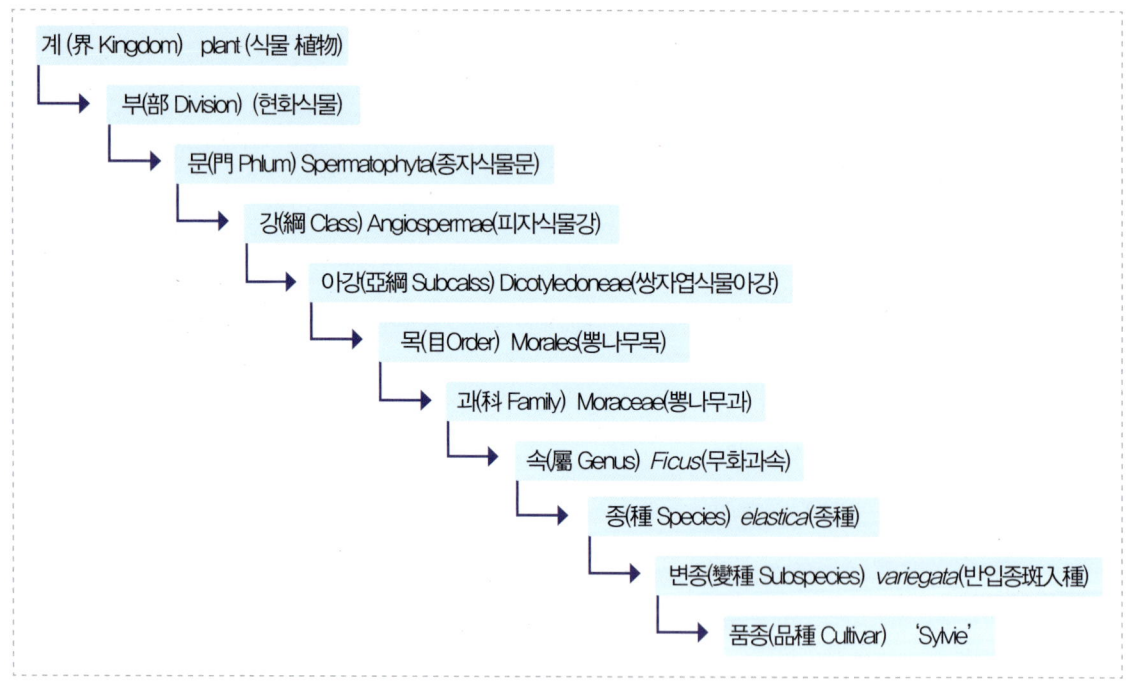

식물분류의 체계

· 종자식물과 양치식물

종자식물은 종자로 번식하는 식물군을 말한다. 꽃이 피는 식물을 의미하는 현화식물과 같은 의미이다. 근래에는 종자식물로 부르는 경우가 많이 있다. 종자식물은 나자식물과 피자식물로 크게 구분한다.

양치식물은 포자로 번식하는 식물군을 말한다. 꽃이 피지 않는 식물을 의미하는 은화식물과 같은 의미이다. 양치식물은 이끼식물, 양치식물, 조류로 크게 구별한다.

종자식물(모감주나무)　　　　　　　　　　양치식물(고비)

· 나자식물과 피자식물

나자식물은 배주가 자방 안에 있지 않은 종자식물을 말한다. 배주는 노출되거나, 잎이나 가지가 변형된 인편에 불완전하게 싸여 보호되어 있다. 침엽수로 특수화된 엽맥으로 많이 되어있다. 세계에 약 760종이 알려져 있다. 나자식물과는 반대로 배주가 자방 안에 있는 종자식물을 피자식물이라 한다. 엽맥은 망상맥(그물맥)또는 평행맥이다. 종자의 성숙은 자방이 비대해지면서 과실이 만들어 진다. 세계에 약 23~24만종이 알려져 있다. 단자엽식물과 쌍자엽식물로 분류된다.

나자식물(소나무)　　　　　　　　　　피자식물(느티나무)

· 단자엽식물과 쌍자엽식물

	쌍자엽	단자엽
배	자엽은 2장, 종자에 배젖은 있거나 없음	자엽은 1장, 종자에 배젖은 대부분 있음
뿌리	1차근은 때로는 숙근이며 가는 2차근을 가진 굵은 원뿌리로 자람	1차근은 수명이 짧으며 곧 부근으로 대체되어 수염뿌리를 형성하거나 가끔 다육질 뿌리의 다발을 형성
생장형	초본성 혹은 목본성	대부분 초본성, 소수가 교목상
화분	기본적으로 3공형(3개의 구 혹은 구멍을 가짐)	기본적으로 단구형(하나의 구 혹은 구멍을 가짐)
유관속	부름켜를 가진 1차 유관속이 환상배열, 줄기는 2기생장, 피층과 중심주로 분화	일정한 배열이 없는 부제유관속, 부름켜는 예외적으로 존재, 줄기는 피층과 중심주로 분화하지 않음
잎	망상맥(우상 혹은 장상), 형태는 넓고 엽초는 발달하지 않음. 엽병이 있으며 때로는 탁엽도 있음	평행맥, 형태는 장방형 또는 선형. 엽저에 가끔 엽초가 있고 엽병은 없으며 탁엽도 없음
꽃	부분은 4개 혹은 5개	부분은 3개 혹은 3배수

쌍자엽식물과 단자엽식물의 중요 특징 비교

· 수분조건에 따른 분류

ⅰ) 건생식물

사막이나 건조지, 염분이 많은 환경과 저온, 수분의 흡수가 어려운 장소에서 생육하여, 형태적으로나 기능적으로 건조에 견디는 성질을 가지고 있는 식물을 건생식물이라고 한다. 잎이 좁고 두껍거나 각피질과 저수조직이 잘 발달되어 있다. 잎의 표면으로부터 수분의 증발을 억제할 수 있는 구조로 되어 있다.

ⅱ) 중생식물

건생식물과 습생식물의 중간 정도의 조건에서 잘 자라는 식물을 중생식물이라고 한다. 일반적으로 재배식물이 중생식물에 속한다.

ⅲ) 습생식물

습윤지나 수변에서 생육하는 식물을 총칭하여 습생식물이라고 말한다.

ⅳ) 수생식물

연못이나 하천, 호수의 수중 또는 수변에서 생육하는 식물을 총칭하여 수생식물이라고 한다. 줄기나 잎은 통기조직이 잘 발달되어 있고, 뿌리는 수중의 바닥에 뻗으며 잎은 수면위에서 자라거나 물위를 떠돌아다니는 종류를 말한다.

㉮ 추수식물(정수식물)

뿌리는 물속 아래의 토양에 내리고 줄기와 잎의 일부 또는 대부분은 공중에서 자라는 식물을 말한다.

㉯ 부엽식물

뿌리는 물속 아래 토양에 내리고, 물 표면에서 잎이 자라는 식물을 부엽식물이라 한다.

㉰ 침수식물

식물 전체가 완전히 수면 아래에 물속에 잠기고, 물 아래 토양에 뿌리를 내리고 자라는 식물을 침수식물이라고 한다.

㉱ 부유식물

식물 전체가 물 위에 떠다니면서 생육하는 식물을 부유식물이라고 한다.

㉲ 염생식물

해안의 사구, 내륙의 소금성분이 많은 토양에서 생육하는, 높은 염분에서 잘 자라는 유관속식물을 염생식물이라고 한다.

② **원예학적 분류**

식물의 생육습성과 용도에 따라서 구분하는 실용적인 분류 방법이다.

- **1, 2년 초화류**

원예학적으로 1년초란 종자가 발아해서 1년 이내에 개화결실하고 식물체 전체가 고사하는 생활사를 가진 식물의 종류를 일컫는 것으로 한해살이풀(annuals)이라고도 한다. 봄에 파종하여 여름부터 가을까지 꽃을 피우는 종류를 춘파 1년초라고 하며, 맨드라미, 채송화, 과꽃, 색비름, 샐비어, 나팔꽃, 봉선화, 해바라기, 메리골드, 미모사, 백일홍, 분꽃, 코레우스, 한련화 등이 있다.

과꽃

해바라기

봉선화

추파 1년초는 일반적으로 가을(9 ~ 10월)에 파종해서 이듬해 봄부터 여름까지 개화하는 것으로, 대부분 추위에 강하고, 여름고온건조기가 오기 전에 고사하는 것으로서, 데이지, 팬지, 프리뮬라, 시네라리아, 칼세올라리아, 스토크, 루피너스 등이 있다.

팬지   데이지   칼세올라리아

2년초란 종자를 파종한 후 발아되어 한해 겨울을 넘긴 이듬해 꽃을 피우고 고사하는 것으로 석죽, 종꽃, 접시꽃, 디기탈리스 등이 있다.

종꽃   접시꽃   디기탈리스

· **숙근 초화류**

숙근 초화류는 뿌리나 줄기가 여러해 동안 자라며 꽃이 피고 결실하는 초본성 식물을 말하는데, 흔히 다년생 초화류 또는 숙근초라고 부른다. 숙근 초화는 내한성 정도에 따라 겨울철 추위에 잘 견디는 노지 숙근초와 추위에 약하여 비닐하우스나 온실에서 재배하는 온실 숙근초가 있다.

ⅰ) 노지 숙근초

온대 및 아한대 지역에서 자생하는 식물이 개량되어 화훼가 된 것으로 대체적으로 내한성이 강한 초본류이다. 종류로는 국화, 금계국, 금낭화, 꽃범의 꼬리, 붓꽃, 숙근플록스, 톱풀, 옥잠화, 원추리, 작약 등이 있다.

국화　　　　　　　숙근플록스　　　　　　　옥잠화

ⅱ) 온실숙근초

온실 숙근초는 열대 및 아열대 지방이 원산지인 식물로 내한성이 약해서 우리나라에서는 온실에서 재배하는 초본류이다. 종류로는 거베라, 군자란, 시계초, 아나나스류, 칼란코에, 극락조화, 안스리움, 아스파라거스, 카네이션 등이 있다.

군자란　　　　　　　극락조화　　　　　　　안스리움

ⅲ) 구근 초화류

식물기관의 일부인 줄기, 뿌리, 잎이나 배축 등이 다음 생육에 필요한 양분의 저장기관으로 발달하면서 비대해져 알뿌리 모양으로 변형된 초본류를 말한다. 구근은 심는시기에 따라 춘식구근과 추식구근으로 나누며, 저장기관의 형태에 따라 인경, 구경, 괴경, 괴근, 근경으로 구분한다.

㉮ 식재시기에 따른 구분
　ⓐ 춘식구근
　　추위가 지나고 서리가 내리지 않는 봄철에 심는 구근류로 글라디올러스, 칸나, 다알리아, 아마릴리스 등이 있다.
　ⓑ 추식구근
　　가을철(9월~10월)에 심는 구근류로서 겨울동안 저온처리를 받은 후에 휴면이 타파되고 봄에 꽃을 피우는 종류를 말한다. 튤립, 히야신스, 수선화, 크로커스, 스노우드롭, 콜치컴 등이 있다.
㉯ 구근의 형태에 따른 구분
　ⓐ 인경
　　짧은 줄기, 잎의 전체 또는 엽초부가 다육화 되어 저장기관으로 된 것을 인편엽이라고 한다. 외부인편이 말라 버리고 한 겹의 막벽으로 되어 버린 것을 유피인경이라 하는데, 튤립, 히야신스, 수선, 아마릴리스, 스노우드롭 등이 있다. 백합, 프리틸라리아 등과 같이 외부 인편이 없이 인편이 겹쳐 있는 것을 인편상인경이라고 한다.

인편상인경(나리)　　　　　　　　유피인경(아마릴리스)

ⓑ 구경

줄기가 양분의 저장기관으로 비대해져 구형 또는 편평한 원형으로 발달된 것으로 글라디올러스, 프리지어, 크로커스, 콜치컴, 익시아 등이 있다.

ⓒ 괴경

피막이 없는 줄기가 비대해져 저장기관으로 발달된 것으로, 대부분 부정형으로 껍질이 없다. 아네모네, 시클라멘, 구근베고니아, 글록시니아, 칼라, 칼라디움 등이 있다.

ⓓ 근경

뿌리줄기라고도 하며, 땅속에 있는 줄기가 비대해져서 알뿌리 모양의 양분 저장기관으로 발달된 것을 말한다. 칼라, 수련, 칸나, 꽃창포, 진저 등이 있다.

ⓔ 괴근

덩이뿌리라고도 하며, 뿌리가 비대해져서 양분의 저장기관으로 발달된 것으로, 다알리아, 라넌큘러스, 글로리오사, 도라지 등이 있다.

구경(글라디올러스) 괴경(칼라)

근경(칸나) 괴근(다알리아)

iv) 관엽식물

주로 잎을 관상하는 식물로서, 열대·아열대원산의 온실식물을 관엽식물이라 부르기도 한다. 일반적으로 내음성이 강해, 사람이 생활하는 실내환경에서 잘 자라기 때문에 실내의 장식식물로 많이 이용된다. 스킨답서스, 디펜바키아, 필로덴드론, 렉스베고니아, 칼라데아, 피토니아, 아글라오네마, 드라세나, 고무나무, 아나나스, 팔손이 등이 있다.

스킨답서스   렉스베고니아   아글라오네마

v) 화목류

화목류는 주로 꽃이 관상가치가 있는 나무뿐만 아니고, 잎이나 과실을 관상할 수 있는 목본식물을 말한다. 주로 꽃을 감상하는 목련, 꽃사과, 배롱나무, 불두화, 벚나무, 조팝나무, 라일락 등이 있고, 잎을 감상하는 단풍나무, 백합나무, 사철나무, 향나무 등이 있다. 열매를 감상하는 모과나무, 꽃사과나무, 낙상홍, 좀작살나무, 먼나무 등이 있다. 나무의 크기나 형태에 따라 교목(큰키나무), 관목(떨기나무), 만경성(덩굴성)으로 구분하기도 한다.

화목류의 개화 습성에 따라 크게 4가지로 구별된다.

ⓐ 개화양식 I

전년도 여름이나 가을에 꽃눈이 분화하여 초겨울에 휴면타파가 완료되고 그 후 날씨가 추워 강제휴면하고 있다가 봄에 개화하는 형으로 개화기가 빠르고 꽃이 진후에 잎이 나온다. 전정은 개화 후에 한다. 철쭉류, 개나리, 박태기나무, 명자나무 등

철쭉   개나리   명자나무

ⓑ 개화양식 II

전해에 꽃눈이 분화되어 휴면에 들어가고 휴면타파가 1월 중에 끝나며, 2~3월에 강제 휴면하고 있다가 잎이 나오고 이어서 꽃이 피는 형으로 라일락, 등나무, 일본목련, 모란 등이 있다.

라일락　　　　　　　　　등나무　　　　　　　　　모란

ⓒ 개화양식 III

지난 가을에 꽃눈이 형성되고 가을에 휴면하고 휴면타파 후 강제 휴면한다. 봄이 되면 잎이 나오고 이어서 가지가 자라고 꽃이 피는 형으로 개화가 늦고 개화기간이 길다. 수국, 쥐똥나무 등이 있다.

불두화　　　　　　　　　나무수국　　　　　　　　쥐똥나무

ⓓ 개화양식 IV

금년 봄에 새싹이 나와서 꽃눈이 분화되고 꽃이 피는 형으로 가장 늦게 개화한다. 내한성이 약한 아열대성으로 사계성이 많다. 개화기간이 가장 길다. 무궁화, 배롱나무, 능소화, 사계장미 등이 있다.

무궁화　　　　　　　　　배롱나무　　　　　　　　능소화

vi) 난과식물

난은 단자엽식물 중에서 가장 발달된 기관을 가지고 있는 식물군으로, 현재 세계적으로 약700여 속에 35,000여 종이 알려져 있다. 매년 수천종의 속간교잡과 변이종이 육종되고 있어 정확한 품종 수는 알 수가 없다.

ⓐ 형태에 의한 구분

줄기가 생장하는 형태에 따라서 단경성란과 복경성란으로 구분한다. 단경성란은 하나의 줄기를 중심으로 하여 연속적으로 잎이 전개되면서 자라는 종류로서 반다, 팔레높시스, 아그레컴, 에리데스 등이 있다. 복경성란은 줄기가 완전히 성장하고 난 다음에는 위구경이 완성되며 위구경의 기부에서 또다른 새로운 줄기가 나와 자라는 형태로서 카틀레야, 심비디움, 덴드로비움, 온시디움, 새우난초, 석곡, 한란, 보세란 등이 있다.

단경성란(나도풍란)

복경성란(석곡)

ⓑ 생활습성에 따른 분류

생활습성에 따라 지생란과 착생란으로 구분한다. 지생란은 땅에서 자생하는 것으로 아열대, 온대지방에 분포하고 있으며 일반 초화류와 같이 산림지대의 낙엽이 쌓여 잘 부숙된 부엽토에서 생육하며 뿌리는 땅속을 광범위하게 뻗어 영양분을 흡수한다.

심비디움, 파피오페딜룸, 헤마리아, 밀토니아 등이 있다. 착생란은 나무의 줄기 또는 바위에 붙어서 생육하는 난으로 뿌리는 기근이라하여 두꺼운 벨라민층이라는 일종의 콜크세포층으로 덮여 있어서 건조에 견딜 수 있는 구조로 되어 있다. 카틀레야, 덴드로비움, 팔레높시스, 반다, 풍란 등이 있다.

지생란(심비디움)

착생란(카틀레야)

ⓒ 동양란과 서양란

동양란은 주로 온대지방과 아열대에서 자라는 심비디움속을 말하고 있으나, 최근에 와서는 덴드로비움속의 석곡과 풍란, 나도풍란도 같이 취급하는 경우가 많다. 한란, 춘란, 중국춘란, 보세란, 건란, 소심란 등이 있다. 주로 열대, 아열대지방 원산의 서양란은 동양란에 비하여 꽃이 화려하고 아름다워 잎을 관상하는 것 보다는 꽃을 관상하는 종류가 대부분이다. 오래전부터 종간 또는 속간교배가 이루어져 많은 원예품종이 재배되고 있다. 카틀레야, 온시디움, 심비디움, 팔레놉시스, 덴드로비움, 덴파레 등이 있다.

동양란(춘란)

서양란(덴드로비움)

ⅶ) 식충식물

식충식물은 벌레를 잡아 영양을 섭취하는 식물을 말하며, 잎의 표면 또는 잎이 변형되어 특수한 구조를 갖춘 기묘한 포충기가 있어 재배하여 관상하는 식물이다. 끈끈이 주걱, 벌레잡이 제비꽃, 파리지옥, 네펜데스속, 사라세니아속 등이 있다.

끈끈이주걱

벌레잡이제비꽃

사라세니아 퍼푸레아

viii) 허브

꽃과 잎, 줄기, 뿌리, 종자 등이 식용 또는 약용으로 쓰이거나 향기나 향미가 이용되기도 하는 식물로, 그 성분이 식품이나 음료 속에 보존용 향신료 또는 건강증진제로 첨가되는 식물과 식품, 음료 외에 향수, 화장세정의 효과를 기대하여 쓰여 지는 식물을 허브식물이라고 한다.

딜, 레몬밤, 라벤더, 로즈마리, 마조람, 민트, 바실, 샤프란, 세이보리, 세이지, 월계수, 차이브, 쳐빌, 코리안더, 쿠민, 타임, 파슬리, 펜넬 등이 있다.

라벤더   차이브   로즈마리

3장
식물의 생육환경

기상환경(지상부환경), 토양환경(지하부환경), 생물환경

1) 광환경

광은 온도환경의 조성과 밀접한 관계를 맺는다. 그리고 직접적으로 원예식물의 엽록소합성과 광합성을 지배하며 기공의 개폐, 광형태형성, 개화반응 등에 관여한다. 원예식물의 생육과 관계되는 광환경은 광도, 광질, 일장의 3가지 측면에서 검토 되어야 한다.

① 빛 (Light)

빛은 식물이 행복하고 건강하게 자라게 해주는 가장 중요한 환경요인이다. 사람은 식량을 필요로 하기 때문에 식물도 근본적으로는 비료(식량으로서)에 의존한다고 생각할 수도 있다. 분명 그러한 면이 있지만 식물은 에너지의 대부분을 빛에서 만들어 낸다. 빛이 없다면 영양분과 수분의 유용성도 의미가 없는 것이다.

식물은 광합성 과정에 빛을 이용한다. 엽록체라 불리는 잎의 특정세포가 빛을 에너지로 바꾼다. 식물은 작은 태양열 수집기인 것이다. 빛을 받아들이고 처리하고 저장하는 것이다.

밝은 빛을 좋아하는 식물은 많은 엽록체를 갖고 있어서 잎 조직 내에 두꺼운 층을 만든다. 적은 빛을 받는 식물의 잎은 엽록체 층이 상대적으로 얇다. 그렇지만 식물은 엽록체의 밀도와 배열을 바꾸어서 빛의 양이 바뀌는 데 적응할 수도 있다. 이것은 계절에 따라서나, 밝은 곳에서 어두운 곳으로 식물을 옮겨 빛의 양이 차이가 생길 때 자연스럽게 볼 수 있다. 빛의 양이 증가되면 식물은 더 많은 엽록체를 준비하여 풍부하게 공급되는 빛을 이용한다. 반면에 빛의 양이 줄어들 때는 더 이상 필요하지 않은 엽록체는 사라지게 한다.

이러한 변화가 하룻밤 사이에 일어나는 것은 아니다. 빛의 양이 변하는 데 적응하는 것은 점진적인 과정으로 이를 순응이라고 한다. 식물이 전에 있던 곳과 빛의 상태가 다른 곳으로 옮겨지면 즉각적으로 엽록체 구조를 바꾸기 시작한다. 식물이 충분한 빛을 받지 못하면 순응시키기 위해 잎이 광원을 향해 뒤틀어지거나 굽어지게 된다(굴광성). 이 때 빛을 향해 뻗기 위해 줄기가 길어진다. 어떤 식물은 빛이 모자라면 잎을 떨궈 내어 보다 적극적으로 반응한다. 양치류나 고무나무는 빛 공급이 급격히 줄어들면 잎이 떨어지는 것으로 잘 알려져 있다.

반면에 적은 빛 환경에 적응한 식물을 갑자기 밝은 빛이 드는 곳으로 옮기면 잎이 시들고 병이 든 것처럼 변할 수도 있다. 이런 식물들은 잎도 얇아 수분 함유량도 적고 엽록체 층도 얇다. 실내식물은 어두운 곳에서 밝은 곳으로 옮길 때 변화에 적응할 수 있도록 2~4주의 기간을 두어야 한다. 그렇지 않으면 피해를 입거나 죽을 수도 있다. 일반적인 예는 여름에 식물을 실외로 옮기는 것으로 밝은 태양 빛에 갑자기 노출돼서 시든 잎은 좀처럼 회복되기 힘들다.

식물을 위해서 가장 이상적이 광 환경을 만들 때는 이러한 과정을 항상 염두에 두도록 한다. 어떤 식물이 자랄 수 있는 최적의 장소를 찾아내는 것은 일종의 탐험같은 것으로 식물의 빛선호도를 알고 그 빛을 어디에서 찾을 수 있는지 알고 있다면 단순한 작업이다.

② 자연광

태양은 수소의 핵융합반응으로 막대한 에너지를 빛과 열의 형태로 방출하고 있으며 그 에너지의 일부가 지구에 도달하는 것이다. 여기서 광선(빛)이란 광자라고 하는 에너지 알갱이면서 파동의 성질을 가지고 있는데 태양광은 에너지 수준과 파장이 각기 다른 여러 종류의 광선이 혼합된 일종의 혼합광이다. 일반적으로 태양광은 그 파장의 길이에 따라 분류되는데 크게 자외선, 가시광선, 적외선으로 구분한다.

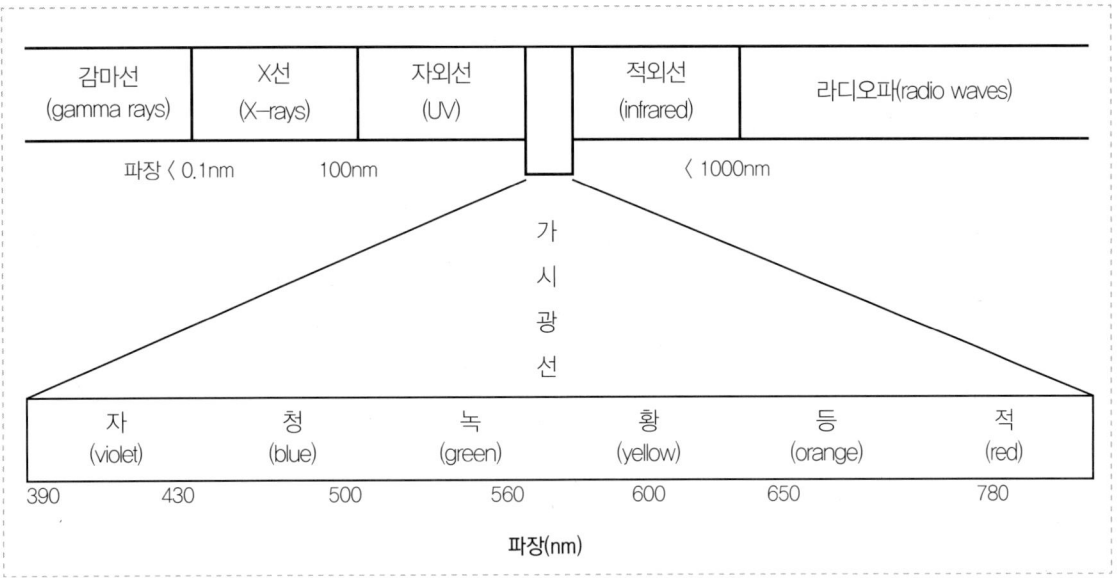

태양광선의 파장별 분류

태양광은 지구에 도달하는 과정에서 산란되고 일부는 흡수되며 지역에 따라서 파장별 에너지 분포가 달라진다. 즉 지표면의 일사량은 태양의 고도, 계절과 시각, 지형이나 작물의 군락등에 따라 차이가 크다. 지표면에 도달하는 일사량은(전태양방사)는 6월 하순(하지) 맑은 날에 정오에 약 1000W/m^2(조도 약 120,000lux)이다. 비교적으로 책을 보기 좋은 인공광의 밝기는 약 24fc.정도이다. 지표면에 도달하는 전체 일사량에 대한 광합성유효 일사량의 비율은 기후에 따라 변화하는데, 쾌청일에 47~52%, 구름 낀 날이 50~58%로 증가하고, 비 오는 날은 59~65%이다. 월평균 비율은 겨울에 45~50%, 여름은 50~55%이다.

③ 광도와 생육

광도는 식물의 광합성을 지배하는 주요요인으로 광이 없거나 광도가 지나치게 낮으면 광합성보다는 호흡이 더 활발하여 탄산가스의 방출량이 더 많아진다. 점차 광도가 증가하면 탄산가스의 방출과 흡수가 같아지는데 이때의 광도를 광보상점이라고 한다. 그리고 광두가 계속 증가하면 광합성도 계속 증가하는데 어느 수준에 이르면 더 이상 광합성이 증가하지 않으며 이때의 광도를 광포화점이라도 한다. 모든 식물은 광포화점이 있으며 광포화점에 이르기까지는 광도를 높여 주는 것이 광합성과 생육에 유리하다. 광포화점은 온도나 탄산가스 농도 등에 따라 달라질 수 있다.

실내 식물들은 광포화점이 비교적 낮은 것들이며 저광도에서도 잘 자라는 식물을 음생식물이라고 한다.

광합성량이 많고 광포화점이 높은 것: 오이, 수박, 토마토와 같은 과채류
광포화점이 낮아 광요구도가 낮은 것: 시금치, 상치, 우엉, 관엽식물

빛이 밝고 일조시간이 길수록 생육은 왕성하고 일조시간이 짧으면 생육이 떨어진다.

빛이 약하고 광량이 충분하지 않으면 식물의 잎이 커지고, 얇아지며 초장은 길어지고, 줄기의 직경은 작아지며, 뿌리발육의 약화로 양분과 수분흡수가 원활하게 이루어지지 않게 된다.

논리적으로 보면 창문 근처가 식물이 자라기에 가장 좋다. 햇빛은 광선의 모든 스펙트럼을 포함하고 물이나 전기도 필요 없다. 큰 창문에 작은 창문보다 상대적으로 더 많은 빛이 들어오고 대부분의 창문은 식물에게 필요한 것이다. 창문을 깨끗하게 유지하는 것이 햇빛을 최대화하는 가장 쉬운 방법이다. 창문으로 빛이 들어오는 것을 방해하는 실외의 나무나 관목의 큰 가지를 잘라내는 것도 도움이 된다. 반짝반짝 깨끗한 창으로 들어오는 햇빛이 충분하지 않다면, 보조의 조명시설을 확보해둔다. 햇빛이 너무 세다면 사람이나 식물에 다 적합하도록 얇은 커튼을 사용한다.

어디에서 태양이 뜨고(동쪽) 어디로 지는지(서쪽) 살펴서, 창을 통해 들어오는 빛의 범위에 대해 알아둔다. 우리나라에서는 남쪽으로 노출하는 것이 가장 강한 빛을 제공하는데, 이는 태양이 하늘의 약간 남쪽 지점에서부터 동쪽에서 서쪽으로 크게 원호를 그리기 때문이다. 태양이 그리는 원호는 겨울에 낮고 여름에는 높아서, 실내에서도 남쪽으로 향한 창에서 들어오는 햇빛의 양이 계절에 따라 확연하게 차이가 난다. 일반적으로 많은 빛을 필요로 하는 식물에게는 남쪽 창문 근처 공간이 가장 적당하다.

북쪽에 있는 창도 계절적 영향을 비슷하게 받는다. 여름에는 북쪽 창으로도 빛이 적게 필요한 식물에 충분한 양의 빛이 들어오지만, 겨울에는 너무 적어서 이에 만족하는 식물은 거의 없다. 예외는 있다. 많은 꽃이 피는 식물은 겨울에는 차가운 곳에서 휴식을 취해야 하는데, 이때 적은 빛이 동반되어야 한다. 집을 13~16℃로 유지할 수 있는 북쪽창이 있는 방이 있다면, 차갑고 건조한 반동면상태가 필요한 선인장 같은 식물에 아주 유용한 장소가 될 것이다. 빛이 더 필요하다면 약간의 열을 방출하는 형광등을 사용할 수 있다.

동쪽 창으로는 아침에 강한 햇빛이 들어오고, 서쪽 창에는 이른 오후부터 저녁까지 빛이 들어온다. 빛을 적게 필요로 하는 식물은 부드러운 아침 햇빛을 좋아해서 적은 빛에서 중간정도까지의 빛을 좋아하는 식물들에게는 동쪽창이 좋다. 오후의 햇빛은 다소 강하고 꽤 따뜻하기 때문에 따뜻한 환경을 좋아하는 식물에게는 서쪽 창이 좋다.

창문으로 들어오는 햇빛은 한 가지 주요한 방향을 가지는 방향성이 있다. 식물은 빛을 향하는 성질이 있어서 종종 모양이 한쪽으로 기울어지기도 한다. 직사각형 박스나 디시가든에서 자라는 식물은 반 바퀴씩 돌려주면 앞뒤 똑같이 빛을 받을 수 있다.

생활공간		식물생육	
		3,000lux	낙엽활엽수등의 양성식물
서재, 공부방, 수예, 재봉 등의 작업	1,000lux	1,000lux	양성식물이 어느정도 기간 생존가능
독서(거실, 침실), 전화, 주방(식탁,조리대), 욕실(세면)	750lux 500lux	500lux	문헌에 기재되어 있는 주요한 관엽 식물의 필요 최저조도의 하한치
놀이, 테이블, 소파, 장식용 선반, 거실, 세탁	300lux	300lux	내음성이 강한 관엽식물, 지피식물의 건전한 생육가능
	200lux	200lux	내음성이 강한 관엽식물, 지피식물의 건전생육가능 2~3년에 한번 정도 식물의 대체가 요구됨 내음성이 강한 식물의 광보상점
아동실, 욕실, 탈의실, 현관 등 대부분의 공간	150lux	150lux	내음성이 강한 식물 생육가능 매년 식물의 대체가 필요함
	75lux	100lux	대부분 식물이 생존불가
복도, 층계, 차고, 우편함	15lux	15lux	내음성이 가장 강한 식물의 최저생존조도

실내조도와 식물생육과의 관계

④ 실내의 빛 증가시키기

식물을 창문으로 부터 멀리 옮기면 빛이 약해진다. 이렇게 빛이 감소되는 정도는 빛을 반사하는 벽에 따라 달라진다. 빛을 흡수하는 어두운 벽보다 밝은색의 벽이 빛을 더 많이 반사시킨다. 어두운 벽의 방에서 식물이 잘 자라는 공간은 창유리로부터 60cm로 한정된다. 반면 밝은 벽의 방에서는 큰 식물도 기를 수 있고 창에서 60cm 이상 떨어져도 된다. 거울을 걸면 창으로부터 들어오는 빛을 반사해서 방을 밝히는 데 도움이 된다.

집안에 식물을 키우기에 적합한 창이 적다면 남쪽이나 서쪽을 향하는 선반이 달린 창을 설치하여 식물에 이상적인 장소를 만들어 주는 사람들도 있다. 이런 창들은 풍부한 빛을 제공해 줄 뿐만 아니라 작은 온실 같은 느낌도 주고 겨울에는 태양열을 모아서 방의 다른 부분들에 온기를 나눠주기도 한다.

식물선반에 반사후드를 달아 빛을 최대화 시킨 형광등을 설치하는 것이 많은 식물을 키우고 있을 때 빛을 최적화 시키는 가장 실용적인 방법이다.

⑤ 광질

태양광선은 여러 가지의 광선이 혼합되어 있다. 이러한 혼합광은 파장이 다른 여러 종류의 광선이 다양한 비율로 분포하여 광질(light quality)을 좌우한다.

햇빛을 파장의 길이로 나누어 보면 자외선, 가시광선, 적외선으로 구분할 수 있는데 일반적으로 가시광선이 380~760nm 파장을 기준으로 이보다 긴 것을 적외선이라 하고 짧은 것을 자외선이라 한다.

가시광선은 작물의 생육에 불가결한 파장으로 그중에서도 적색광과 청색광이 광반응에 크게 관여한다. 그리고 특정 파장의 광선은 식물의 색소발현, 형태형성에 관여하여 파이토크롬(phytochrome)이라는 광수용 색소단백질과 그의 기능에 관해서 알려져 있다. 특히 실내에 반입하여 기르는 식물의 경우 광질이 자연광과 다르다는 점을 염두에 두어야 한다. 인공광을 이용하는 경우에는 광질에 관심을 가져야 한다.

⑥ 인공조명

실내에 빛을 증가시키는 최후의 방법은 보조조명을 사용하는 것이다. 스포트라이트는 큰 식물을 무성하게 자라게 하기 위해 사용되고, 방이 좀 더 커보이게 하는 효과가 있다. 매달린 조명 아래에서 그 빛을 쬐고 있는 무성한 잎으로 넘쳐나는 선반은 실내의 보기 좋은 중심 포인트가 될 것이다. 사무실에서는 형광등을 사용하는 큰 직선의 마루스탠드를 사용하면, 활기가 없던 코너에서 공기정화식물의 안식처로 뒤바뀔 것이다. 실내식물에 도움이 되는 보조조명을 생각하고 있다면, 방이 생각보다 깨끗하고 따뜻하게 바뀌어서 놀라게 될 것이다. 가격이 저렴한 형광등도 식물에 유용한 빛을 제공할 수 있다.

우리가 선택할 수 있는 경우의 수는 많다. 보조조명으로서 백열등은 두 가지 결점이 있다. 백열등은 열을 발생하므로 사람과 식물 둘 다에게 다 바람직하지 않고, 백열등의 빛은 햇빛과 비교하면 불완전하다. 백열등 빛은 파란 광선보다는 붉은 광선을 더 많이 포함하고 있기 때문에 부드럽기 보다는 따뜻한 빛이다. 이것 때문에 백열등 아래에서 사람이 예뻐 보인다. 아쉽게도 많은 실내식물 특히 관엽식물은 파란색에서 녹색까지의 파장을 더 좋아한다.

이것이 형광등을 사용해야 하는 이유다. 형광등 빛은 붉은색 파장이 짧은데 이것이 형광등이 약간 녹색 빛으로 보이는 이유이기도 하다. 백열등과 비교하면 형광등은 더 넓은 빛의 파장을 제공하고, 튜브가 내구력이 더 있고, 열도 덜 발생되고, 에너지 효율성도 더 좋다. 새로운 콤팩트 형광등은 에너지 효율성이 더욱 좋아져서 백열등의 반밖에 안 된다. 수명도 백열등보다 길다. 콤팩트 형광등은 백열등을 위해 디자인된 램프나 조명기구에도 끼워 맞출 수 있고 튜브타입 조명기구에도 맞출 수 있다. 빛의 질적인 면에서 보면, 콤팩트 형광등은 열을 조금 발생시키고 에너지 효율성도 높고, 수명도 길어서 백열등이나 전통적이 형광등보다도 조금 비싸긴 해도 그만한 가치가 있다.

인공조명을 사용할 때는 광원과 식물사이의 거리를 시험해 보아야 한다. 많은 빛을 필요로 하는 식물은 10~15cm 떨어져 있을 때 가장 잘 반응하고, 중간 혹은 적은 빛은 필요로 하는 식물은 20~30cm 떨어져 있을 때 가장 잘 자란다. 빛 위의 반사후드는 빛을 모아 반사시켜주어 아주 쓸모가 있다. 식물을 위해 제작된 대부분의 조명기구는 후드를 가지고 있다. 캐비닛용 조명장치를 사용할 때는 표면을 흰색으로 칠하면 반사후드와 똑같은 효과를 얻을 수 있다.

적은 빛 때문에 고생하던 식물들은 보조의 인공조명 설비에 극적으로 반응하곤 한다. 조명시설이 효과가 있다고 입증되면, 매일 일정한 시간에 켜지고 꺼지도록 타이머를 장착하고 싶어질 것이다. 12시간에서 14시간 정도 계속 빛을 비추어 주는 것이 대부분의 식물에게는 적당하고 마찬가지로 어둠의 시간도 필요하다. 어떤 꽃을 피우는 식물들은 12시간 이상 지속적인 어둠의 시간이 주어지지 않으면 싹을 피우지 않는다.

구 분	작 물 종 류
음생식물	야자류, 고사리류, 드라세나, 디펜바키아, 필론덴드론, 산세베리아, 베고니아, 페페로미아, 마란타, 헤데라
중생식물	깨꽃, 봉선화, 쥐똥나무, 단풍나무, 철쭉나무
양생식물	국화, 풀솜꽃, 채송화, 소나무, 향나무

화훼작물의 광요구도

광강도(PPFD, μmol/m2/s)			
7~15(0.5~1klux)	15~30(1~2klux)	30~70(2~5klux)	70~(5klux~)
세인트폴리아 디펜바키아 필론덴드론	아스파라거스, 안스리움 스파티필름, 아나나스 페페로미아, 마란타 몬스테라, 세인트폴리아 드라세나, 스킨답서스, 엽란	베고니아(렉스) 유카, 헤데라 시계초, 페닉스야자 비로야자	파인애플 알로에 자스민

대표적 관상식물의 필요 광강도

⑦ 고강도 조명(High-intensity lights)

상업적으로 식물을 기르는 사람들과 식물수집가들은 고강도 조명을 사용하는데 이는 인공으로 강한 햇빛을 만들어내는 장비이다. HID(고휘도 방전램프 high-intensity discharge)는 비싸고 추가로 배선 작업도 필요하다. 또한 별로 이쁘지도 않고, 대부분의 경우 전압을 올리기 위해 안정기 박스가 필요하다. 매우 밝은 빛을 필요로 하는 선인장 같은 식물을 잘 키우려는 열정이 있다면 결국에는 HID장비가 필요하게 된다.

HID에는 두 가지 타입이 있다. 메탈 할로겐과 고압 나트륨이다. 메탈 할로겐 조명은 파랑 스펙트럼의 강한 빛을 방출하기 때문에 어린 식물의 잎이 자라게 하는데 사용된다. 고압력 나트륨은 빨강 파장을 보다 잘 전달해서 꽃을 피우게 하는데 사용한다. 상업적으로 온실재배를 하는 곳에서는 꽃을 피우는 식물이 어릴 때에는 메탈 할로겐조명을 사용하고, 꽃을 피워야 하는 단계에 들어서면 고압 나트륨조명으로 바꾼다.

두 가지 장비는 수경재배를 위한 장비를 공급하는 회사에서 구할 수 있다. 수경재배는 뿌리근처에 영양분이 풍부한 물을 끊임없이 순환시켜 재배하는 것이다. 이런 회사에서는 대부분의 식물이 만족할 수 있도록 만들어진 콤팩트 형광조명도 제공한다.

⑧ 일장과 생육

일장이란 하루 24시간 중 낮의 길이를 말하는데 우리나라는 북위 34~42°에 위치하여 하지 16시간, 동지 8시간, 춘추분 12시간이다. 일장은 식물의 개화, 인경형성, 휴면, 성표현등에 관여하는데 특히 개화반응과 밀접한 관련을 맺는다. 일장이 식물의 생장, 특히 개화반응에 미치는 영향을 일장효과 또는 광주성이라고 한다. 일장에 반응하는 식물의 기관은 어린잎이며 관여물질은 지베렐린, 플로리겐 등으로 알려져 있다.

구 분	작 물 종 류
장일식물	카네이션, 페츄니아, 철쭉, 글록시니아, 플록스, 무, 배추, 금잔화, 금어초
중성식물	장미, 튤립, 사철딸기, 팬지, 고추, 토마토, 가지, 셀러리, 베고니아, 다알리아
단일식물	국화, 칼란코에, 나팔꽃, 코스모스, 시네나리아, 들깨, 딸기, 대두, 포인세티아, 살비아, 맨드라미

원예작물의 일장반응

⑨ 광주기의 이해

계절이 바뀌는 것을 보여주는 가장 확실한 표시는 낮의 길이로, 원예가들은 광주기 혹은 'light time'이라 한다. 봄에 꽃이 피는 식물은 싹을 틔우고 꽃을 피우는데 길어진 낮이 필요하고, 가을이나 겨울에 꽃이 피는 식물은 짧아지는 낮과 길어지는 밤에 반응한다. 어떤 식물에게 광주기는 꽃을 피울 수 있는 강한 계기를 만들어 주어서, 적절한 광주기가 주어지지 않으면 꽃이 피지 않는다. 이런 현상은 식물이 실외에서 자랄 때 자연적으로 일어나는 현상으로, 실내의 경우에는 더 잘 꽃피우기 위해 빛과 어두움의 균형을 잘 조절할 필요가 있다. 예를 들어 게발선인장, 칼랑코에, 포인세티아처럼 겨울에 꽃이 피는 식물들은 낮이 짧아진다고 느낄 때 꽃을 피운다.

이런 식물들에게는 빛을 제공하기보다는 14시간 동안 빛을 차단해주는 것이 중요하다. 밤에는 빛을 사용하지 않는 방에 이들 식물을 놓아두고, 이른 아침이나 이른 저녁에는 몇 시간 동안 마분지 박스를 덮어두거나, 아니면 조명과 타이머가 있는 작은 방에 식물을 놓아두고 하루에 8~10시간 동안만 불을 켜둔다. 이러한 방법으로 3주간만 하면 식물이 꽃피우기에 충분한 시간이다.

2) 온도와 환경

온도환경은 기온, 지온, 체온으로 구성된다. 온도조건은 양수분의 흡수, 증산작용은 물론 물질대사에 영향을 미쳐 식물의 생장을 조절한다. 따라서 실내식물의 재배나 관리를 위해서 알맞은 온도조건을 갖추어 주어야 한다.

① 생육온도

일반적으로 원예식물의 생육이 가능한 온도범위는 0~50℃로 알려져 있으나 정상적인 생육은 15~35℃ 범위에서 이루어진다. 물론 생육이 가능한 한계온도는 여러 가지 조건에 따라 달라질 수 있으며 식물이 죽지 않고 생명을 유지할 수 있는 온도범위는 훨씬 넓어진다.

최적온도: 생육이 가능한 온도범위에서도 생육이 가장 잘 되는 온도
최저온도: 생육이 가능한 하한의 온도
최고온도: 생육이 가능한 상한의 온도

실내식물의 생육온도는 종류에 따라 다르다. 일반적으로 고위도의 온대나 한대지방을 원산으로 하는 식물은 생육온도가 낮은 편이고, 저위도의 열대지방을 원산으로 하는 식물은 생육온도가 높다.
온대식물은 대개 15~25℃에서 가장 잘 자라며 4월 하순~5월 하순 및 9월 중순~10월 중순에 자라고 있는 화훼류는 이때 급속히 생육하게 된다. 열대원산은 생육적온이 25~35℃이며, 우리나라와 같은 온대지방에서는 여름에 두드러진 생육을 보이고 개화와 번식도 여름에 잘 이루어 진다. 다알리아, 글라디올러스, 글록시니아 및 각종 관엽식물류가 여기에 속한다.

종 류	주 간	야 간	종 류	주 간	야 간
국 화	18	16	토마토	25~20	13~8
카네이션	25~18	14~9	오 이	28~23	15~10
튤 립	25~20	18~16	호 박	25~20	15~10
백 합	24~20	18~13	시금치	20~15	15~10
시클라멘	25~20	15~10	무	20~15	15~10
아나나스	25~20	20~18	배 추	18~13	15~10
심비디움	26~18	20~15	쑥 갓	20~15	15~10
장 미	26~21	18~12	상 추	20~15	15~10

주요원예식물의 생육적온(℃)

온도가 높다는 것은 식물의 호흡작용을 촉진시킨다는 것과 같은 뜻이 되며, 호흡작용이 심하다는 것은 식물의 에너지 또는 영양소의 소비량이 많아진다는 것과 같아 온도가 높으면 식물의 성숙이 촉진되고, 개화시기가 빨라지며, 핀 꽃도 빨리 시들어 버리고, 꽃의 빛깔도 흐려지거나 퇴색된다. 온도가 낮아지면 호흡작용이 약해지며, 탄수화물이 축적되어 많은 화청소(anthocyan)가 꽃잎에 형성됨으로써 꽃의 빛깔이 더욱 뚜렷해진다. 실내식물의 생육온도는 낮과 밤에 따라서 다르다. 자연의 기온은 주야간 온도교차가 있고 그러한 온도조건에 적응하여 식물은 좋은 생육을 보인다. 따라서 실내에서 식물을 관리할 때 온도조건을 항온으로 하는 것보다는 주야간의 온도차를 주어 낮에는 다소 높게 관리하면 광합성을 촉진하고 밤에는 낮은 온도로 호흡을 억제하면서 동화물질의 소모를 제한하는 것이 좋다. 또한 생육온도는 전 생육 기간 일정한 것이 아니고 생육단계에 따라 달라진다. 발아적온은 대체로 생육적온보다 높고, 생육의 전반기보다는 후반기로 갈수록 생육적온이 낮아지는 것이 일반적인 경향이다.

- **고온성 종(생육한계온도 15℃, 호적 야간온도 20℃ 정도)**
  : 디펜바키아, 아펠란드라, 알로카시아, 아레카야자 등

| 디펜바키아 | 아펠란드라 | 알로카시아 |

- **중온성 종(생육한계온도 10℃, 호적 야간온도 15℃ 정도)**
  : 벤자민고무나무, 스파티필름, 페페로미아, 칼라데아, 아나나스류, 드라세나류 등

| 벤자민고무나무 | 수박페페로미아 | 드라세나 산데리아나 |

- 저온성류(생육한계온도 5℃, 호적 야간온도 10℃ 정도)
  : 헤데라, 품이라, 쉐플레라, 유카, 접란 등

| 헤데라 | 품이라 | 접란 |

② **원산지**

화훼류는 원산지에 따라 크게 열대식물, 온대식물, 한대식물 등으로 나눌 수 있는데 그들의 생육에 필요한 온도의 요구도가 다르다. 열대식물은 몬스테라, 필로덴드론, 칼라데아, 하와이 무궁화 등으로서, 꽃이 한대식물과 같이 동시에 많이 피지 않고 조금씩 피는 습성이 있으며 비교적 그늘에서 보기 좋게 자란다. 지구상에는 식물의 종류가 추운 곳에서 더운 곳으로 갈수록 많고, 화훼류도 열대산 식물이 가장 많은 반면 한대산 식물은 적다. 온대지방에서도 높은 산으로 올라 갈수록 기온이 점차 낮아지면서 식물의 수와 종류도 줄어들고 있다.

구 분	열대산 식물	한대산 식물
꽃의 모양	화려하고 크다	덜 화려하다
향 기	향기롭다	덜 향기롭다
1그루당 꽃수	적다	많다
광 선	적게 요구한다(음지식물이 많다)	많이 요구한다(양지식물이 많다)
관 상 부 분	잎	꽃
토양 및 비료	중성	약산성
수 분	자가 불화합성이 많다	자가 화합성이 많다
휴 면	짧다	길다
잎	큰 것이 많다	작은 것이 많다
개 화	어느 정도 자란 후	광주성 또는 춘화처리가 있은 후
번 식	영양번식이 많다	종자번식이 많다
생 육 적 온	20℃ 이상	20℃ 이하

산지별로 본 열대산식물과 한대산 식물의 생태적 차이

열대산 식물(하와이무궁화)   한대산 식물(설앵초)

③ 온도와 개화

원예식물의 개화는 온도와 밀접한 관계가 있다. 식물이 개화하기 위해서는 일정기간 일정한 온도조건을 경과해야 하는데 이것을 춘화현상(vernarlization)이라고 한다.

국화, 팬지, 센타우레아 등은 봄에 파종하여 꽃을 피게 하면 개화기가 늦고 생육도 가을에 파종하여 월동 시 저온에 충분히 노출시킨 것보다 확실히 나쁘다.

춘화의 유효 온도는 −5~15℃정도로, 최적 처리온도는 종류에 따라 다르다. 종자춘화 온도는 1~3℃의 것이 많다. 스타티스는 2~3℃에서 30~40일 처리하면 화아분화가 촉진된다. 스위트피이는 0~5℃에서 겨울파종품종은 14일 이상, 봄에 파종하는 품종은 20일 이상 처리하는 것이 유효하다.

3) 수분환경

① 수분과 식물

작물의 종류, 재배환경, 생육단계에 따라 차이가 있으나 대개 70~95%정도가 수분으로 구성되어 있을 정도로 많은 양을 함유하고 있다. 물은 극성 공유결합하고 분자 간에는 수소결합이라는 독특한 결합을 하고 있기 때문에 물 고유의 물리, 화학적 특성을 나타낸다. 비점이 높고 비열이 크며 탁월한 용해성을 지니며 모세관현상이나 표면장력과 같은 성질을 지닌다. 물의 이러한 특성으로 말미암아 식물체내에서 물이 차지하는 역할은 매우 다양하고 중요하다. 물은 물질의 용매이며 운반체이기 때문에 여러 가지의 양분을 흡수, 이동시키며 광합성의 원료나 생산물을 필요한 장소로 운반해준다. 물은 광합성의 원료일 뿐만 아니라 식물의 체형유지나 체온조절을 가능하게 해주기도 한다.

수분이 식물체내에서 갖는 기능
- 작물체내 화학반응에 필요한 체내 이동매체
- 무기 또는 유기화학물의 체내 이동매체
- 세포의 팽압 유지에 의한 작물 체 유지
- 원형질의 일부로서 각종효소 활성의 촉매작용
- 광합성, 각종 가수분해 및 체내화학반응의 원료
- 증산을 통한 작물체내 온도유지

② **수분의 흡수**

물은 위치나 조건에 따라 이동하며 상태가 변한다. 이러한 변화는 물의 에너지 상태가 변하는 것으로, 물은 높은 에너지 상태에서 낮은 에너지 상태로 변한다. 단위량의 수분이 가지는 잠재에너지 또는 자유에너지를 수분포텐셜이라고 하며 물은 수분포텐셜이 높은 쪽에서 낮은 쪽으로 이동한다. 수분포텐셜의 구배에 따라 토양수분이 식물체로 이동하는 것이 바로 수분흡수이다. 식물체의 흡수부위는 뿌리이며 뿌리가운데에서도 근모대는 수분흡수가 가장 왕성한 부위이다.

- 수동적 흡수: 토양수분이 충분한 상태에서 식물체 조직 내의 수분포텐셜의 구배에 따라서 수분이 흡수 되는 것.
- 능동적 흡수: 도관 내에 무기염류를 축적시켜 수분포텐셜을 낮춤으로써 수분을 흡수시키는 것으로 여기에는 에너지의 소모를 수반하게 된다.

수분의 배출은 주로 잎에서 기공을 통한 증산작용으로 이루어진다. 그 외에 수공으로 배출되는 일액현상과 줄기의 절단면으로 배출되는 일비현상도 있다.

③ **수분부족현상**

수분이 부족하면 기공을 폐쇄하여 증산을 억제한다. 기공이 닫히면 탄산가스의 유입이 억제되어 광합성이 저하되며 생장이 둔화되어 결국은 고사한다. 한편으로 수분이 억제되어 미생물의 활동, 뿌리의 호흡이 억제되며 이로 인하여 여러 가지의 생육장해를 나타낸다.

지하부보다 지상부의 생육이 급격히 줄고 특히 엽면적의 감소가 광합성의 감소를 초래하고 전반적으로 지상부의 생장이 억제되고 개화결실이 저하되어 수량의 감소를 초래하게 된다.

④ 수분요구도

실내식물의 경우 종류, 환경 및 시기에 따라서 수분요구도가 다르다

· **종류별 차이**
- 수생식물 : 물옥잠화, 연, 수련 등이 이에 속하며 적당한 생육조건으로 반드시 수중에서 자라야 한다. 대개 잎은 물이 응결되어 부착이 잘 안되도록 되어있어 기공과 같은 역할을 하며 물위에 뜨게 되어있다. 또한 뿌리가 저면토에 부착되어 있고 통기조직을 통하여 호흡한다.
- 습생식물 : 골풀(Cyperus) 및 토란과 식물이 이에 속한다. 비교적 습한 토양에서 잘 자라고 건조한 곳에서는 생육이 불량해 진다. 줄기에 통기조직이 발달되어 있다.
- 건생식물 : 공기습도가 높다 하더라도 토양이 건조한 곳에서 잘 자라는 식물로서 선인장과 같은 다육식물이 이에 속한다. 잎은 퇴화하여 대개가 가시로 되고 면적당 기공수가 적으며, 각피가 발달되어 있거나 또는 털이 발달되어 있다. 이들 식물은 저장기관이 발달되어 있고, 조직의 보수력이 강하다(85~95%의 수분을 함유하고 있다). 건생식물은 재생력이 매우 강하고 꺾꽂이에 의한 발근이 매우 용이하지만 토양수분이 과다할 경우에는 생육이 억제되고 부패되기 쉽다.
- 중생식물 : 일반 실내 식물이 대부분 여기에 속한다. 수생식물과 건생식물의 중간 성상을 나타내고 뿌리의 생육이 특히 현저하다.

· **상태별 차이**

식물은 생육기간에 있어서 건실한 잎이 많고 식물의 크기가 클수록 증산작용과 생리작용이 더 잘되어 수분요구량이 많아진다. 하루에 있어서도 오전 10~12시경이 증산작용과 수분요구량이 가장 많아 온도 및 일조와 밀접한 연관성이 있는 식물체가 아닌 일반 물체로부터의 증발현상과는 반드시 일치하지 않는다. 그러나 식물의 호흡작용과 흡수작용은 상관성이 크며, 어느 때 어느 경우이든 수분요구량이 많은 조건하에서는 대체로 호흡량도 많다.

생육기간 중에서 화아 또는 화아분화 및 그 형성기에 가장 많은 수분을 요구하게 된다. 이 기간 중에 수분이 부족하게 되면 다시 식물의 탄소동화작용이 저하되어 결국 생장이 억제된다.

⑤ 수분조절

관수, 배수, 환기 등을 실시

· **수질**

대개 샘물, 수돗물, 빗물, 시냇물 등으로 관수한다.
샘물은 경수이고 수돗물, 빗물, 시냇물 등은 연수인 경우가 많다. 관수용 물로는 연수가 가장 좋다.
수돗물의 경우는 소독 중 염소, 나트륨, 불소 등이 이용되므로 이들이 식물의 양분이동에 영향을 미치므로 미리 받아놓았다가 사용하도록 한다.

· 수온

주로 토양이나 기온과 차이가 심하지 않은 물을 이용하는 것이 좋다.

화분식물이나 온실내의 식물에 대해서는 수온이 비교적 높은 것이 좋으므로 물탱크에 물을 일시 저장하였다가 사용하는 것이 좋으며, 저장중의 물은 직사광선을 쬐는 것이 소독과 수온면에서 유리하다. 그러나 한여름에는 피해야 한다.

가정에서는 물을 주려하는 식물주변에 수돗물을 하루정도 받아두었다가 관수하면 주변 환경과 같은 온도의 수온을 얻을 수 있고 수돗물의 소독성분도 휘산되어 식물에 피해가 적다.

· 관수법

- 표토가 건조하고 0.5~1.0cm 깊이의 흙이 습할 때 관수한다.
- 선인장과 같은 다육식물의 경우에는 흙 속이 건조하더라도 공기 습도가 충분하면 관수할 필요가 없지만 가을과 봄에는 3일에 1회 정도 관수한다.
- 수생식물을 비롯하여 아나나스류나 반수생 식물(토란과 식물류)의 경우에는 1일에 2~3회정도 관수하여 표토가 항상 습한 상태를 유지하도록 해야 한다.
- 관상수목류는 일반적으로 수분을 적게 요구한다.
- 기온이 비교적 낮을 때는 오전 10시경에 관수하고, 높을 때에는 8~9시경에 또는 오후 4~5시경에 관수하되 1일 2회 관수로 부족할 때에는 12시 경에 더 관수하고 기온, 일조, 바람 등과의 관계를 감안하여 관수량을 결정해야한다.
- 화분의 질과 종류에 따라 관수량이 달라지고, 이식 직후에는 충분히 관수한다.
- 관수방법에는 점적관수, 살수관수, 호스관수, 저면관수 등의 방법이 이용된다.

· 관수량

식물의 상태와 종류, 토질, 기후 등에 따라서 다르지만 포장용수량(모세관수의 상태로 토립사이에 물이 유동 없이 잘 차 있는 조건)까지 유지할 수 있는 정도로 관수하는 것이 가장 이상적이다. 이때에는 pF치가 2.0~2.7(-0.0998~-0.50bar)이 될 때이다.

4장
식물의 번식

모든 식물은 여러 방법으로 종족을 후대로 계승시킨다. 하나의 식물체에 많은 종자가 달리고 이것이 떨어져서 적당한 환경에서 발아되어 증식한다. 종자를 맺지 못하는 식물은 특수한 방법으로 번식한다. 이것은 자연적인 환경조건에 따라 가장 효과적이고 안전한 방법으로 자손을 남기기 위한 조치라 볼 수 있다. 식물의 종류가 다양한 만큼 번식법도 다양하나 식물의 번식법은 종자를 통해 번식하는 유성번식 방법과 식물체의 일부를 분리시켜 무성적으로 번식시키는 무성번식 방법으로 크게 나눌 수 있다.

1) 종자번식

종자번식(seed propagation)은 유성번식(sexual propagation) 이라고도 할 수 있으며 주로 초본류가 종자번식을 하는 경우가 많다. 대부분이 식물은 종자번식이 가능하며, 한번에 많은 묘 또는 개체를 얻을 수 있고 튼튼한 묘를 얻을 수 있다.

종자번식의 장점
- 번식방법이 쉽고 다수의 묘를 생산할 수 있다.
- 품종개량의 목적으로 우량종의 개발이 가능하다.
- 영양번식 개체에 비하여 일반적으로 발육이 왕성하고 수명이 오래간다.
- 종자의 수송이 용이하며 원거리 이동이 용이하다.

종자번식의 단점
- 교잡에 의하여 육종된 원예품종은 변이가 나타나며, 모체와 동일한 특성이 나타나지 않는 것이 많이 있다.
- 불임성이나 단위 결과성 화훼의 경우에는 종자번식을 할 수가 없다.
- 목본류의 경우에는 개화가 되기까지 장기간 걸리는 경우가 많다.

① 종자의 휴면

종자가 성숙한 것처럼 보여도 일정한 기간 동안 발아하지 못하는 경우가 있는데, 이와 같이 종자가 생명력을 가지고 있다하더라도 일시적으로 생장이 정지되어 발아가 억제되는 현상을 휴면이라고 한다.

어떤 종자는 발육에 적당한 환경을 부여하더라도 발아가 되지 않을 때가 있다. 이것은 종자가 발아력을 상실한 것이거나 휴면(dormancy)하고 있는 종자이기 때문이다. 온대종자는 대부분 가을에 휴면에 들어간다. 그 원인은 종피가 견고하여 물과 공기가 잘 침투하지 못할 경우, 종자가 미숙한 경우와 생리적으로 배(胚)가 휴면하고 있을 경우 등이 주원인이다. 이와 같은 경우에는 5℃내외의 저온에서 습한 조건으로 20~50일간 두면 휴면이 타파된다. 온대수목은 주로 층적법(stratification)을 이용하는데 땅속이나 통 또는 화분에 고운 모래나 톱밥을 넣고 물을 공급하여 적당한 습도를 유지하면서 일정기간 저온(5℃전후)에 저장하거나 노천에 매장시켰다가 파종한다.

② 종자의 수명

휴면을 끝낸 종자는 발아에 알맞은 환경조건이 주어지지 않는 한 일정기간의 수명을 유지하다가 결국에는 생명력을 상실하게 되는데 종자의 수명은 식물의 종류는 물론 저장중의 환경조건에 따라서 많은 차이가 난다. 일반적으로 고온다습한 조건아래에서 저장한 종자는 수명이 짧고 발아력이 쉽게 떨어진다. 수명을 되도록 길게 하려면 저온건조(습도 50%, 온도 5~10℃) 저장한 종자는 발아율도 높고 수명도 길다.

③ 종자 발아

생존하고 있는 종자라 할지라도 외적인 환경조건과 내적인 환경조건이 맞지 않으면 발아 할 수 없다. 종자의 내적 조건으로서 완전 성숙되고 휴면이 타파된 것이라면 알맞은 외적조건(수분, 온도, 광선 등)을 주면 발아하게 된다. 이는 종류마다 성질이 다르기 때문에 식물별 성질을 파악할 필요가 있다.

· 수분

종자는 휴면기간이 지나야 발아가 되지만 휴면기간이 지나더라도 수분을 흡수하지 못하면 발아하지 못한다. 저장종자는 10% 내외의 수분을 함유하고 있으나 물을 주어 70% 이상 흡수하게 하면 종자내의 생리작용(효소와 호흡작용)에 의하여 발아하게 된다. 물이 종자 내에 쉽게 침투하지 않는 소위 경실종자(硬實種子)는 특수한 수단(마찰이나 화학약품에 의한 상처를 줌)으로 흡수시켜 쉽게 발아시킬 수 있다.

· 온도

화훼류는 종류가 많고 한 종(種) 내에서도 품종에 따라 발아적온이 다른 경우가 많다. 화훼식물이 발아적온은 그 식물의 자생지와 밀접한 관계를 가지고 있다. 일반적으로 온대산은 12~25℃, 열대산은 25~35℃에서 발아가 잘 된다.

최적 발아온도	종 류
10℃ 전후	금어초, 네메시아, 델피니움, 라넌큘러스, 시네나리아, 양귀비 등
20℃ 전후	고데치아, 과꽃, 금잔화, 국화, 다알리아, 루피너스, 맨드라미, 물망초, 백일홍, 채송화, 시클라멘, 코스모스, 페튜니아, 한련화 등
20~30℃	디기탈리스, 로벨리아, 수레국화, 코스모스, 팬지 등
30℃ 정도	미모사, 아스파라거스, 아퀼레기아, 야자류, 콜레우스, 황화코스모스 등

화훼종자의 최적발아 온도

· 광선

종자 중에는 발아할 때 광과는 관계가 없는 것(중간성 종자), 광선에 의해서 발아가 촉진되는 것(호광성 또는 광발아 종자)으로 아게라텀, 칼세올라리아, 글록시니아, 진달래, 철쭉, 베고니아 등이 있다. 반대로 광선에 의해서 발아가 억제되는 것(혐광성 또는 암발아 종자)으로 팬지, 일일초, 고데치아, 스타티스 등이 있다.

④ 정원수목의 종자번식

정원수나 조경수목은 종류가 많아 생리적, 형태적인 면이 다르고 그 이용면도 다양하다. 유전적으로 볼 때 순수종이 있는가 하면 교잡종도 많고, 종자의 후숙 기간에서도 차이가 있으며, 종피의 유전에도 차이가 있어 일반적인 번식방법으로는 발아하지 않는 것이 많다.

수종명	채종시기 (월)	저장법	파종시기 (월)	수종명	채종시기 (월)	저장법	파종시기 (월)
벽오동	9~10	밀봉냉암소	3	모과나무	10~11	보습저온	3~4
소나무	10	건조밀봉저온	3~4	계수나무	10	밀봉저온	3~4
보리수나무	10~11	보습저온	3~4	치자나무	10~11	밀봉냉암소	3~4
굴참나무	10	보습저온	2~3	상수리나무	10	보습저온	2~3
너도밤나무	10	보습저온	3	느티나무	10	보습저온	3
쪽제비싸리	10	건냉암소	3~4	월계수	10	토중매장	3~4
고로쇠나무	9~10	보습저온	2~3	측백나무	9~10	건조밀봉저온	3~4
주목	10	보습저온	2~3	목련	9~10	보습저온	3~4
쥐똥나무	10~11	보습저온	3~4	석류	10~11	보습저온	3~4
때죽나무	9~10	보습저온	3~4	자작나무	9~10	밀봉저온	3~4
팽나무	10~11	보습저온	3~4	태산목	10	보습저온	10
회화나무	10~11	보습저온	3~4	후박나무	7~8	토중매장	9
올리브	10~11	보습냉암소	3~4				

주요 수종별 종자번식 특성

⑤ 종자의 파종

· 파종시기

파종시기는 출하시기와 지역의 환경조건에 따라 결정한다. 노지재배에서는 외부온도에 의해 파종시기가 결정되는데, 봄에 파종하는 경우 외기의 온도가 종자 발아에 적당하고, 발아한 모종이 서리의 피해를 입지 않을 수 있는 시기에 파종한다.

일년초 종류는 잘 건조시켜 냉장 보관했다가 봄에 파종하면 발아가 잘 된다. 이년초 종류 중에 구슬붕이, 봄맞이, 산괴불주머니 같이 봄에 일찍 꽃이 피며 5~6월에 종자가 성숙되는 종류들은 채종하여 불순물만 제거하고 즉시 파종하면 여름이 지나고 가을에 발아하여 월동한 후 다음해에 꽃이 핀다. 또한 숙근초 중에도 봄에 일찍 꽃이 피고 초여름이면 종자가 성숙하는 할미꽃, 매발톱꽃, 민들레, 뻐꾹채, 패랭이꽃 등은 채종 즉시 파종하는 것이 좋고, 8월 이후 꽃이 피고 늦게 결실하는 종류는 다음해 봄에 파종한다.

· **파종용토**

배수가 잘 되면서 통기성이 좋고, 보수력이 있고 적당한 거름기가 있는 상토를 사용한다. 그러나 종자가 발아하여 본엽이 나오고 뿌리가 어느 정도 발달할 때까지는 종자 자신의 양분을 이용하기 때문에 용토가 비옥하지 않아도 된다. 피트모스와 펄라이트를 1:1로 섞어 사용하거나, 시판되는 육묘용 상토를 사용해도 된다.

· **파종방법**

종자를 뿌리는 방법에는 점파, 조파, 산파가 있다. 점파는 종자가 비교적 크거나 그 수가 제한되어 있을 때 일정한 간격으로 구멍을 만들어 종자를 한 개 내지 두세 개씩 파종하는 방법이다. 조파는 일정한 간격의 골을 만들어 골을 따라 파종하는 방법이다. 산파는 미세한 종자를 흩어 뿌리기하는 방법으로 때로는 가는 모래와 섞어 뿌리고 용토를 덮지 않으나 건조하지 않도록 주의하고 파종상자를 큰 물그릇에 넣어 밑으로부터 물을 흡수시키는 저면관수를 한다. 그리고 상토 위를 비닐이나 신문지를 덮어 건조를 방지하면 좋다.

조파   산파   플러그파종

· **파종상 관리**

파종 후부터 발아할 때 까지 파종상의 수분을 일정하게 유지해 주는 것이 필요하다. 또한 온화하고 직사광선이 닿지 않는 밝은 장소에서 관리한다. 발아 후 파종상이 고온다습하게 되면 유묘가 연약하여 입고병(모잘록병)이 발생하기 쉬우므로 덮어주었던 비닐이나 신문지 등은 걷어내고 햇볕을 쬐고 통풍을 시켜주어 묘가 튼튼하게 자랄 수 있게 해준다.

2) 영양번식

영양번식이란 무성번식이라고도 하며 식물체의 일부 조직이나 세포 1개에서 몇 개를 분리 배양시킴으로 완전히 독립된 하나의 개체를 만들어 내는 번식 방법이다. 종자번식처럼 일시에 다량의 묘를 얻기는 어렵지만 모본이 지니고 있는 유전적인 특성을 그대로 유지할 수 있어 동일한 품종을 많이 생산할 수 있다. 또한 종자번식이 어려운 숙근 초화류, 구근류, 화목류 등에 많이 이용되고 있다.

① 무성번식의 장점

영양계를 보존하고, 동일 품종을 일시적으로 대량생산 할 수 있다. 또한 모체의 유전형질을 정확하게 다음세대로 계승할 수 있으며, 종자번식이 불가능한 식물들의 번식을 가능하게 한다. 무성번식 하므로 인해 개화 및 결과기를 단축시킬 수 있는 장점이 있다.

② 무성번식의 종류

- **삽목번식**

식물체의 일부인 줄기, 잎, 뿌리 등을 절단하여 배양하면 새로운 하나의 독립된 식물체를 만들어 낼 수 있는 방법이다. 종자번식이 어렵거나 종자를 생산해 낼 능력이 없는 식물체를 번식시킬 때, 유전적으로 헤테로 상태에 있는 식물체를 번식시킬 때, 식물체의 크기나 형태를 균일하게 할 때 삽목번식을 한다.

- **삽목번식의 방법**

ⅰ) 엽삽

줄기가 짧아 삽목재료로 사용하기 곤란할 때 이용되며 충분히 성숙한 잎이 좋다. 하나의 절편 잎을 사용하는 엽편삽과 엽신 전체를 이용하는 전엽삽이 있다. 산세베리아, 렉스베고니아, 에케베리아, 아프리칸바이올렛, 글록시니아 등은 주로 엽삽에 의해서 번식되고 있다.

에케베리아

아프리칸바이올렛

렉스베고니아

산세베리아

아프리칸바이올렛

렉스베고니아

ⅱ) 엽아삽

잎이 기부에 액아를 붙여 줄기를 짧게 자른 다음 잎의 기부를 삼분의 일쯤 상토에 묻는 삽목법으로 아삽이라고도 한다. 인도고무나무, 차나무, 동백나무, 쪽동백, 감귤류, 산호수, 치자나무 등의 상록수와 불두화, 산앵두나무 등의 낙엽수, 다알리아, 국화 등의 초본류에서도 엽아삽으로 번식한다.

ⅲ) 경삽

목본류의 크고 작은 가지나 초본류의 줄기를 이용하는 삽목법으로 줄기삽이라고도 한다. 초본류의 연한 줄기를 재료로 하는 초본삽, 목본류의 연한 줄기를 재료로 이용하는 녹지삽, 목본류의 새순이 목화된 것을 이용하는 숙지삽이 있다.

국화경삽

ⅳ) 지하경삽

대나무류, 국화, 연, 둥글레, 창포 등의 근경 일부를 재료로 사용하는 근경삽과 구근식물의 구근 일부를 삽목 재료로 사용하는 구근삽, 백합류와 같이 인경 일부의 인편을 사용하는 인편삽 등이 있다.

ⅴ) 근삽

뿌리를 잘라 삽목하는 방법으로, 국화, 감, 포플러, 버드나무, 뽕나무, 조팝나무, 명자나무, 배, 복숭아, 자두, 나무딸기 등의 번식에 근삽을 이용한다.

· **취목법**

식물에 붙어 있는 가지에서 부정근을 발근시켜 증식시키는 방법으로 가지에서 뿌리가 난 뒤 식물로부터 가지를 잘라 잘라서 새로운 개체로 만든다. 줄기가 잘리지 않고 목부가 그대로 남아있어 물과 양분이 취목할 가지에 계속 공급이 되기 때문에 발근 할 때까지의 기간이 길어져도 큰 영향이 없다.

ⅰ) 선단취법

가지를 굽혀 땅속에 묻어 지상으로 굴곡시킨 후 뿌리가 내리면 분주하는 번식방법이다. 8～9월에 줄기가 땅을 굽기 시작하는데, 이 때가 복토하기 적당한 시기이다.

ⅱ) 단순취목

초여름에 가지의 생장이 정지상태로 되었을 때 가지를 굽혀서 땅속에 묻고 가지의 선단을 지상에 나오게 하거나 낙엽이 진후 늦가을이나 이듬해 봄 싹트기 이전에 분리한다. 주로 철쭉류, 목련, 금목서 등의 번식에 많이 이용된다.

ⅲ) 파상취목

만성식물에 많이 쓰이는 방법으로 포도의 대목이나 등나무 등의 번식이 이용된다. 가지의 굴곡을 여러 차례 파상적으로 굽혀 굴곡시키고, 하층부의 눈이 있는 곳에 상처를 주어 발근시킨다.

미선나무 파상취법

ⅳ) 고취법

고무나무나 목련 등의 번식에 많이 쓰이는 방법이다. 가지나 줄기의 일부에 상처를 주거나 환상박피한 후 수태 또는 황토 등을 싸고 비닐로 주위를 감싸준다. 일반적으로 숙지를 이용하는 것이 좋고, 수태나 황토가 항상 습기를 유지하도록 관리해 주고, 25～30℃ 온도를 유지해 주어야 발근이 잘 된다.

ⅴ) 성토법

휘묻이를 할 수 없는 관목류나 모주를 지상 10cm 정도에서 절단하여 발생 시킨 많은 수의 가지를 기부에서 성토하여 발근을 촉진시키고, 발근된 것을 분주하여 번식시키는 방법이다. 주로 철쭉류, 명자나무, 모란 등의 번식에 많이 이용한다.

고취법

· 접목

실생, 취목, 삽목으로는 번식이 어려운 것이나 개화 및 결실을 좋게 하기 위해서 사용하는 방법이다. 접목에서 뿌리가 되는 것을 대목이라하고 그 위에 나무로 자라나는 부분을 접수라고 한다.

ⅰ) 접목의 목적

접목의 목적은 대상작물에 따라 일정하지 않으나 일반적으로 대목의 특징을 이용하여
- 품종개량
- 병충해에 대한 저항성 증대
- 수세의 조절
- 환경에 대한 적응성 부여
- 개화, 결실의 단축
- 종자 번식이나 삽목이 곤란한 종류의 번식 등

ⅱ) 접목의 준비

㉮ 대목의 양성

접수와 대목이 접합하는 가능성을 친화성이라 한다. 따라서 대목이나 접수는 친화성이 있는 것을 택해야 한다. 대목에는 종자를 파종하여 양성하는 실생대목과 삽목으로 육묘하는 삽목대목이 있다.

㉯ 접수의 준비

접수는 정확한 품종으로 건전하게 자란 모수에서 채취해야 한다. 봄에 접할때는 접수를 12~2월에 미리 잘라서 물이 고이지 않고 그늘진 곳에 접수의 길이에 2/3의 깊이로 묻어 두었다가 이용한다.

ⅲ) 접목방법

㉮ 절접

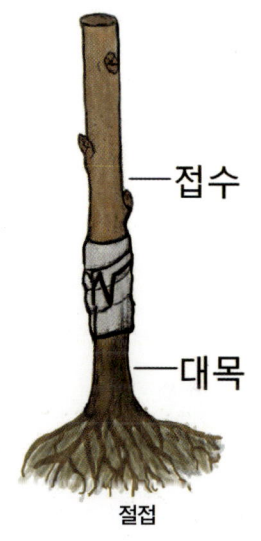

절접

접수는 1~2개의 눈을 붙여서 자르며, 한쪽은 짧고 한쪽은 길게 깎아서 갈라둔 대목에 끼워 묶는다. 이때 대목의 형성층과 접수의 형성층이 서로 접착할 수 있도록 비닐테이프로 묶어준다. 접목이 끝나면 접수의 선단절구에 밀납이나 파라핀 등을 칠하여 수분증산을 막아준다. 접목한 후에는 접합부위가 보이지 않도록 묻어 두었다가 2~3개월 후에 풀어준다.

㉯ 아접

접수로 가지 대신에 그 해 형성된 눈을 이용하는 방법이나. 장미 등은 가지접보다는 아접을 하는 것이 활착률이 높고 작업이 간편하며 능률적이다. 접목이 실패하여도 다시 접목할 수 있는 이점이 있다. 일년생 대목에 접목하기 때문에 묘목의 생신이 빠르고 접수기 절약된다. 접을 붙이는 시기는 눈이 충실해지고 나무 껍질이 잘 벗겨지고 형성층의 활

동이 왕성한 8월 중순부터 9월 상순경이 좋다. 접을 붙인 후 활착이 되면 1개월 쯤 후에 묶은 테이프를 풀어준다. 활착된 묘목을 식재할 때에는 접목부위 보다 10~15cm 윗부분에서 대목을 자르고 싹튼 접순을 유인해 두었다가 새순이 굳어지면 접붙은 자리에서 잘라준다.

아접

㉰ 할접

수종을 갱신할 때 고접에 많이 쓰이는 방법으로 대목이 비교적 굵을 때 알맞다. 대목의 직경이 10~25cm 정도 되는 것에 많이 쓰이며, 대목이 휴면기 때인 늦가을 내지 이른 봄 어느 때나 가능하다. 대목과 접수의 형성층이 양면으로 붙게 되므로 깎기접 보다 활착률이 비교적 높고, 쪼개진 양쪽에 2개의 접수를 붙이면 대목이 접수를 압착하기 때문에 결속이 불완전해도 접착은 잘된다. 비닐로 대목의 절구를 완전히 덮은 다음 테이프로 묶는다.

할접

㉱ 안접

선인장류에 많이 이용하는 방법이다. 대목은 V자형으로 깎고 거기에다 쐐기 모양으로 다듬은 접수를 접하여 묶어 주면 된다.

선인장 안접

· **조직배양**

조직배양(組織培養 : tissue culture)은 인위적으로 조성한 영양분이 함유된 배지에 식물의 조직이나 또는 기관을 분리시켜 그것을 무균상태에서 영양번식 시키는 기술을 말하며 요즈음 많이 실용화되고 있다.

ⅰ) 배양부위와 목적

㉮ 실생

난과식물 등 무배유 종자를 인공배지에 배양하여 번식시키는 방법이다. 실생 배양은 난과식물의 육종에 꼭 필요한 육묘기술이다.

㉯ 배배양

배주 내의 배를 적출해서 배양하는 기술이다. 교잡, 육종되는 과정에서 수정배의 퇴화 등의 원인으로 불임이 되는 것과 감귤류 등의 다배성 품종에서도 위와 같은 원인으로 육종이 곤란할 때 이를 극복하기 위해 수정배를 적출, 배양하여 식물체를 얻는 방법이다.

㉰ 기관배양

경정, 줄기, 잎, 구근, 화기 등 식물체의 각 기관을 배양해서 유전적으로 동일한 개체를 재생하는 방법이다. 주로 영양번식과 무병주의 육성 및 육종적 목적에서 배양한다.

㉱ 조직배양

기관의 일부인 조직을 분리해서 배양하는 경우 배양이 어렵고, 경정배양처럼 생장점 조직만을 배양하는 경우 상당히 어려우므로 엽원기를 포함한 조직편을 배양해서 식물체를 얻고 있다.

㉲ 세포배양

캘러스를 액체 진탕배양해서 세포를 유리시키든지, 식물체의 세포벽을 효소로 제거시킨 후 원형질체를 유리시켜 배양해서 체세포 융합을 통한 새로운 개체를 얻는 방법이다.

ⅱ) 번식에의 응용

일반적인 초화 및 관엽식물에서는 증식조직의 액체진탕배양에 의한 다아체 형성, 호르몬제 첨가 배지로 다아체를 만들어 대량 증식을 유도하고 있다. 그러나 이러한 방법은 많은 노력이 필요하다. 이렇게 해서 얻어진 묘는 유전적으로 변이 발생의 위험성이 있을 수 있다. 조직배양에 의해 얻어진 묘는 일반적인 영양번식으로 얻어진 묘와 비교할 때 생육이 왕성하고 품질이 좋은 생산물을 얻을 수 있다. 구근류나 다년초의 경우에 종자번식으로 육묘된 식물체는 유전적으로 분리가 일어나 균일성이 떨어진다든가 채취량이 적고 우량계의 종자부족 문제가 있어 조직배양에 의한 증식으로 이러한 문제를 해결할 수 있다.

ⅲ) 배양과정

배양은 전 과정이 무균적으로 진행되어야 한다. 주된 작업은 기구의 세척, 배지조제, 재료소독, 치상 및 이식 등이다.

크린벤치　　　　　　　　　　　무균배양실

조직배양

5장
식물의 토양과 비료

1) 식물의 배양토

① 토양의 일반적 특성

토양의 일반적인 특성은 크게 물리적 성질과 화학적 성질로 구분되며 여기에 생물적 특성이 포함된다. 토양의 물리성은 토성, 토양구조 및 토양공극 등과 같이 흙의 기계적인 면을 나타내는 성질이고 화학성은 pH, CEC, EC 등처럼 각종 양분의 함유상태나 변화를 나타내는 성질을 뜻한다. 식물재배에서 중요한 토양의 이화학성은 통기성, 토양반응 및 양수분을 보유할 수 있는 보수·보비력 등을 들 수 있다.

토양의 종류는 여러 가지가 있으며, 재배하는 작물의 생육특성, 생육기간(life cycle) 등에 따라 이에 적합한 토양이 각기 다르다. 생활조경 이용측면에서 토양을 구분하면 화단용 식물처럼 노지에서 주로 생육하는 노지토양과 분식물의 재배를 위한 분화용 배양토로 구분할 수 있다.

- **토양산도**

ⅰ) 산성이 식물의 생육에 미치는 영향

토양산도는 토양 중의 양분의 용해와 식물에 의한 흡수, 이용에 크게 관여하고 식물 생육에 크게 영향을 준다. 토양이 산성으로 되면 pH가 낮은 것 자체에 한해, 토양 중에 칼슘과 마그네슘의 감소, 알루미늄과 망간의 과잉용해, 효소와 몰리브덴의 부족, 소화세균의 활성저하에 동반한 질소흡수에의 악영향, 인산의 불용화 등에 의해서 식물의 생육은 나빠지고 결핍증과 과잉증 등의 장해도 나타난다. 토양 중에 칼슘이 적기 때문에 튤립에서는 칼슘결여에 의해 목이 잘라지거나 구부러짐이 발생하고 또 효소의 흡수가 나빠지고 효소결여에 의한 목구부러짐, 화변의 색이 변색되는 등의 발생이 조장된다. 장시켰다가 파종한다.

pH 정도		토양반응도에 따른 최적 생육화훼 식물의 종류
pH 4	강산성	치자나무, 에리카, 철쭉류
pH 5	산성	치자나무, 아잘레아, 아디안텀, 프테리스, 베고니아, 메타리카, 은방울꽃, 칼라
pH 6	약산성	국화, 장미, 칼세올라리아, 시클라멘, 후크시아, 포인세티아, 백합류, 꽃베고니아, 프리물라, 글라디올러스(Jen King 1958)
pH 7	중성	과꽃, 이베리스, 수레국화, 아지랑이꽃, 락스퍼, 루피너스, 메리골드, 마아가렛, 물망초, 네메시아, 팬지, 스카비오사, 스키잔더스, 백일홍, 카네이션, 금어초, 스토크, 베고니아류, 프리물라류, 후크시아, 세인트폴리아(아프리칸 바이올렛)
pH 7~8	중성~알칼리성	금잔화, 시네라리아, 페라고늄, 선인장, 다육식물류
pH 8	알칼리성	거베라, 저먼아이리스, 스위트피

화훼류의 생육에 적합한 pH 범위

ⅱ) 알카리성이 식물의 생육에 미치는 영향

알카리성이 되면 토양중의 철, 망간, 동, 아연, 효소 등의 미량성분이 용해되기 어렵게 되고 흡수가 나빠지고 생육이 나빠진다. 작물에 따라 이들 성분의 결핍증이 발생한다. 장미에서는 토양이 알칼리성이 되면 신초가 황화 되는 철 결핍증이 발생하기 쉽게 된다. 또 포인세티아의 생육초기에서 중기에 걸쳐 엽맥 간에 황화에서 황백화가 발생한다. 아연 결핍은 알카리 자재의 다량시용에 의한 pH의 상승에 의해서 발생한다. 산성에서는 망간 과잉증을 알카리성에서는 효소 결핍을 일으킨다.

ⅲ) 화색에 대한 토양산도의 영향

토양산도가 화색에 영향을 미치는 경우가 있다. 수국에서는 산성으로 되면 청색이 중성에서 알카리성으로 되면 도색이 선명하게 된다. 이것은 산성이 되면 용해하여 온 알루미늄이 안토시안계 색소의 delphinidin과 결합하여 청색이 되고, 알카리성과 중성에서는 알루미늄이 불용화하여 도색이 되기 때문이다.

토양 산도	특징
산성 배양토	○ 칼슘과 마그네슘 감소 ○ 알루미늄과 망간의 과잉 용해 ○ 효소와 몰리브덴의 부족 ○ 유용미생물들의 활성 저하 ○ 인산불용화 ○ 양분들의 불균형으로 화훼작물 생육 부진.
알카리성 배양토	○ 철, 망간, 동, 아연, 효소 등의 미량성분 용해 어려움 ○ 흡수가 나빠지면서 생육저하.

산성 및 알카리성 배양토 내의 변화

· 보비력

ⅰ) 양분보유와 용탈억제

식물이 건전하게 생육하기 위해서는 전 생육기간을 통하여 각각의 시기에 식물이 필요로 하는 양분이 공급되고 그것을 식물이 흡수하는 것이 필요하다. 이와 같은 이상적인 상태에 어느 만큼 각각에 근접할 수 있는가 하는 것에 여러 가지 노력을 하고 있다.

시비관리의 입장에서 보면 파종 혹은 이식 시에 식물이 필요로 하는 양분을 한 번에 전량을 주고, 나중에 수분관리만 하는 것이 가능하다면 가장 좋다. 그러나 실제는 한 번에 다량 시비하는 것에 따른 농도장해의 문제가 있고 또 사용한 양분이 강우와 관수에 의해 용탈해 버리는 문제가 있기 때문에 현재 실행되지 못한다. 다량시비에 의한 농도장해의 문제는 비료의 용해도를 저하시키고 식물의 생육에 따라서 서서히 양분이 용출하도록 하는 방법이 가능해지면 해결될 것이다.

흙의 양분보유능력 즉 보비력은 흙의 염기 교환능력의 대소에 따라 결정된다. 보유되는 양분은 Ca^{2+}, K^+, NH_4^+, Mg^{2+} 등의 양이온이다. 흙의 염기치환용량이 크면 강우, 관수 시에도 양이온은 용출되지 않고, 식물의 뿌리가 접근하여오면 흙에서 떨어져 식물에 흡수되기 때문에 투수성이 좋은 흙에서도 양분의 용탈을 방지할 수 있다. 염기치환용량의 대소는 통상 음전하를 띠고 있는 흙의 점토의 성질에 따라서 결정된다.

따라서 음전하를 많이 보유하고 있는 만큼 양전하(Ca^{2+}, K$^+$, NH$_4^+$, Mg^{2+})를 많이 흡착한다. 염기치환용량의 크기는 통상 건토 100g당 mg당량(me)로 나타낸다. 분화용 배양토에서는 20~30me정도가 적당하다. 용토의 재료에 따라 염기치환용량의 크기는 여러 가지가 있다. 모래와 같은 10 이하의 것도 있고 벤트라이트와 같이 100 이상의 것도 있다.

ⅱ) 토양의 양분보유와 식물의 생육

토양(첨가자재를 포함)의 양분보유력을 높이는 것은 양분의 유실을 방지하고, 양분을 효율 있게 식물이 흡수하여 이용하는 것에서 바람직하다. 그러나 토양의 양분보유력이 너무 강하면 식물의 초기생육에 나쁜영향을 준다. 염기치환용량이 상당히 큰 벤토나이트와 같은 것을 다량 이용한 용토의 경우와 혹은 강력한 음이온교환수지를 다량 첨가하여 NO3$^-$와 양이온의 용탈을 강하게 억제한 경우도 같다.

· pF치와 유효수분

ⅰ) 토양의 수분흡입력과 pF치

토양의 수분상태를 표시하는 방법으로 지금까지 수분율을 이용하였다. 그러나 같은 수분율 20%일 때 모래에서는 습한 상태이고 화산회토에서는 건조한 상태로 식물에 대한 영향은 크게 차이가 난다. 이와 같이 토양에 다르게 나타나는 수분상태를 정확히 표시하는 수치로 수분흡입력(수분에너지 상태)을 측정하는 방법이 발달하였다.

흡입압을 수주높이(cm)로 표시하고 이것을 상용대수로 표시한 것이 pF이다. 이것이 최근에 널리 이용되고 있다.

bar	H₂O(cm)	pF
0.000	0.00	
0.001	1.02	0.0
0.005	5.10	0.7
0.01	10.2	1.0
0.02	20.4	1.3
0.05	51.0	1.7
0.10	102.0	2.0
0.20	204.0	2.3
0.50	510.0	2.7
1.00	1020.0	3.0

토양수분흡입력의 표시값

ⅱ) 토양수분의 분류와 pF치의 관계

많은 비가 온 직후의 토양은 포화수분 상태이다. 그중 대공극 내의 수분은 모관력이 약하기 때문에 중력에 의해 빠른 시간에 아래로 유실되어 제거되는데 이것은 식물이 이용하지 못한다. 또한 미세공극내의 수분은 강한 흡입압으로 토양 중에 머무르게 되는데 이것이 식물이 이용하는 수분이다. 일반적으로 식물이 이용하는 수분은 pF 1.8~4.2범위로 이것을 작물의 최적 수분범위로 표시한다.

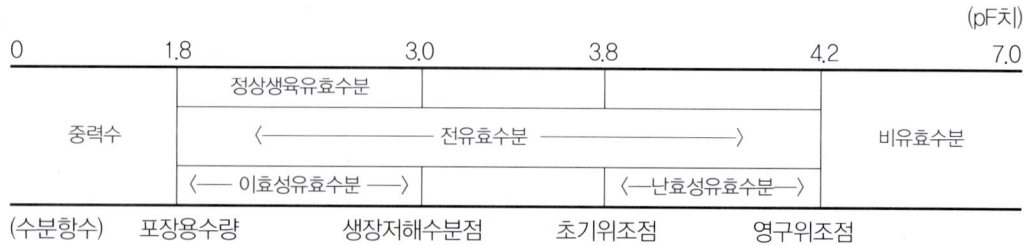

작물에 흡수이용되는 토양수분의 분류

식물을 잘 기르기 위해서는 식물체내의 수분결핍을 최소한으로 하는 것이 필요하다. 일반적으로 식물이 정상생육 하는데 있어 상한은 pF3.0 전후이고, 시설재배에서는 2.5정도인 경우가 많다.

잎의 수분상태를 나타내는 것이 수분부족도이다. 일출 전 세포가 최대 수분을 보유한 상태를 부족도 0%로 최대치에서 10% 적은 것이 부족도 10%이다. 엽내 수분부족도의 상승은 뿌리의 수분흡수량과 잎의 증산량과의 불균형을 일으키기 때문에 pF2.4 이상의 수분흡수가 곤란해 진다.

식물의 증산 속도는 주로 일사량이 지배한다. 여름은 겨울에 비하여, 맑은 날은 구름낀 날에 비하여 많은 양의 수분이 필요하기 때문에 수분장력을 낮게 유지할 필요가 있다. 여름철의 차광은 엽내 수분부족도의 상승을 억제하는 방법이다. 차광율을 높이면 엽온을 낮게 유지하기 때문에 엽내 수분부족도가 낮아진다. 유효수분의 범위는 토양의 물리성과, 식물의 수분특성을 파악한 후 결정하는 것이 중요하다. 합리적인 수분관리를 하는 것은 입단구조로 되어있어 보수성이 좋은 토양과 함께 식물의 수분생리를 숙지하여 물관리를 하는 것이 필요하다.

② 노지토양(화단용 토양)

· 노지토양의 종류

노지토양의 종류에는 사토(砂土), 점토(粘土), 양토(壤土), 부식질토(腐植質土)가 있다.

ⅰ) 사토(砂土)

80%이상의 모래와 20%이하의 점토질을 함유하고 있는 토양으로 화훼식물의 배양토나 삽목용토로 이용하면 좋다.

ⅱ) 점토(粘土)

60%이상의 점토질과 40%이하의 사토를 함유하는 토양을 말한다. 배양토를 만들 때 보수력을 증진시키기 위해서 사용하며, 유기질비료를 혼합하면 토질이 좋아지고 보비력의 효과가 있다.

ⅲ) 양토(壤土)

사토와 점토가 반반의 비율로 구성된 흙을 말한다. 배양토에 많이 이용된다.

ⅳ) 부식질토(腐植質土)

20%이상의 부식질을 갖는 토양을 말한다. 산성토양으로 철쭉류와 양치류식물과 같은 호산성 식물에 좋다.

· 화단흙 만들기

흙의 통기성이나 배수를 좋게 하기 위해서는 흙 입자의 틈을 많게 할 필요가 있다. 딱딱한 흙은 파서 뒤집음으로써 부풀고 부드러운 흙이 되지만 그것은 일시적이고 얼마동안 비바람을 맞으면 도로 딱딱해지고 만다. 그래서 흙을 파서 뒤집을 때 퇴비, 피이트, 부엽 등이 유기물을 섞어주면 부드러운 상태를 오래 지속할 수 있게 된다. 유기물은 흙속에서 부식되어 이것이 흙의 작은 입자를 잡아당겨서 입단구조(粒團構造)를 만들어 많은 틈이 생긴다. 그러나 이것도 오랜 기간 동안 조금씩 분해되어 식물의 양분이 되므로 원래의 단립구조(單粒構造)로 돌아간다. 따라서 적어도 1년에 1회는 유기물의 보급이 필요하다.

· **분화용 토양**

분화용 토양은 일반 노지나 시설화훼토양과는 달리 한정된 용토에서 장기간 재배되기 때문에 토양의 성질이 식물의 생육과 품질에 가장 크게 영향을 미친다고 볼 수 있다. 따라서 분화용 토양의 전반적인 물리화학적 특성을 잘 이해하고 배양토의 소재로 쓰이는 여러 가지 재료에 대한 특성과 배양토 조제방법 등을 충분히 숙지하는 것이 매우 중요하다.

ⅰ) 물리적 특성

㉮ 수분조건

분 용토 내에는 여러 형태의 수분이 존재하는데 식물이 주로 이용하는 것은 중력수 및 위조점(pF 3.8 내외)까지의 모관수이며 그 이상 강하게 입자와 결합되어 있는 것은 식물이 이용할 수 없다. 배양토의 수분조건은 삼상(고상, 액상, 기상)의 분포에 따라 달라진다.

모래와 같이 공극이 적은 소재는 고상을 증가시키고 공극을 감소시켜 보수성은 낮게 하지만 투수성을 좋게 한다. 반면 공극이 많은 소재는 보수성이

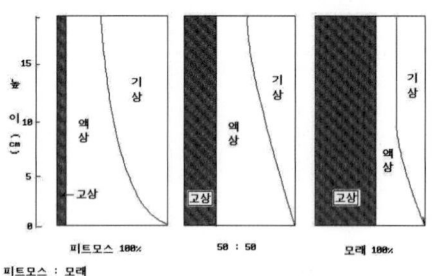

피트모스와 모래(0.5 ~ 1.0mm)의 혼합에 따른 배양토의 위치별 삼상분포

뛰어 나지만 전체의 액상을 증가시켜 부분적인 과습을 유발시킨다. 즉 분 용토 내의 수분함량은 윗부분은 감소하지만 아래로 갈수록 증가하여 과습해지게 된다. 밑부분의 과습을 방지하기 위하여 입자가 큰 투수층을 만들어 주는 것이 바람직하다.

㉯ 통기조건

분 용토 내에는 식물의 뿌리와 미생물의 호흡에 의해 산소는 대기보다 적어지고 반대로 이산화탄소는 많아진다. 이것은 대기 중의 가스 확산이 배양토 내의 고상과 액상에 의해 억제되기 때문이다. 일반적으로 식물의 과습장해는 수분이 많아지면서 공기의 양이 적어져 나타나기 때문에 산소부족에 의한 해라 할 수 있으며, 이 경우 식물은 체내 수분이동과 양분의 흡수저해 등의 생육장해가 발생하게 된다.

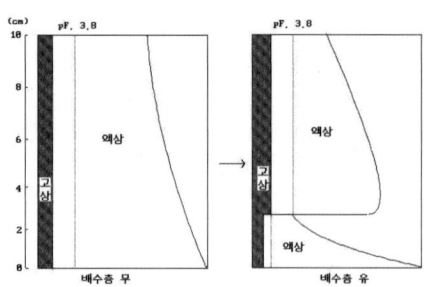

배수층의 유무에 따른 삼상분포의 변화

ⅱ) 배양토의 구비조건

배양토는 식물재배 시 양분의 공급원으로는 물론 뿌리의 지지체 역할을 하기 때문에 식물이 안정하게 고정될 수 있도록 물리성이 함께 구비되어야 한다. 또한 취급관리상 가벼운 것이 유리한데 경량화된 배양토로서 뿌리가 신속하게 발달하여 고정되는 것이 좋은 배양토라고 볼 수 있다. 그리고 관수할 때에 상하방향에 편재하는 수분분포의 차를 줄이는 것이 중요하다. 따라서 이 두 가지 요인을 해결하기 위하여 분 하단에 거친입자의 배수층을 만들어 주는 것이 필요하다.

토양의 입단구조

배양토의 구비조건 중 떼알구조(粒團構造)는 효율적인 방법으로 잘 알려지고 있다. 떼알구조는 하나씩의 단립이 모여 큰 덩어리를 이루고 있어 대공극과 소공극이 고루 분포함으로서 입단사이의 공극에 수분과 공기가 적당히 들어갈 수 있다.

이러한 떼알구조를 만들어 주기 위해서는 분해가 쉬운 유기질과 흙을 혼합하여 퇴적하는 방법이 있으나 퇴적시간과 장소가 필요하기 때문에 대량으로 필요한 경우에는 어려운 방법이다. 대량의 배양토를 만들 때에는 보수량이 큰 것과 작은 것의 조화를 맞추거나 입자자체가 다공질로 되어 있어 떼알구조에 가까운 재료를 이용하는 것이 좋다. 첨가. 토양의 입단구조

ⅲ) 종류 및 특성

현재 많이 이용되고 있는 소재를 배양토의 성분 면에서 보면 무기질, 유기질, 광물계로 구분할 수 있다. 이들 중 주로 이용되고 있는 재료들에 대하여 그 이화학적 특성을 보면 아래 표와 같다.

재료	가비중	전공극율(%)	삼상분포(%)			염기치환용량
			고상율	액상율	기상율	
밭 흙	1.10	54.4	45.6	44	10.4	18
화산회토	0.60	73	27	57	16	20~40
모 래	0.40	45.5	54.5	18.9	26.6	37
피 트	0.10	94.4	5.6	63.8	30.6	77~128
부엽토	0.20	90.7	9.3	38.4	52.3	98
버미큘라이트	0.36	86.9	13.1	70	16.9	100~150
펄라이트	0.18	92.4	7.6	36.8	55.6	0.5~1

주요 배양토 소재의 물리화학적 특성

㉮ 무기질 재료

ⓐ 사토

산모래(마사토)

모래는 투수성을 높이는 소재로서 분화재배에서는 중요하다. 특히 강모래는 입자가 비슷하고 투수성이 좋아 분용토는 물론 삽목용토로도 적합하다. 한편 암석이 풍화하여 노출된 산모래는 값이 싸지만 모래와 미사(silt loams)가 불규칙적으로 혼합되어 있어 입자가 고르지 않다.

ⓑ 양토

사토와 점토가 거의 같은 비율로 혼합되어 있는 재료로 식물재배에 적합하다.

ⓒ 점토

점토는 교질물의 형상으로 수분 및 각종 무기성분을 흡착하는 힘이 강하기 때문에 보비, 보수력이 크다. 그러나 배수가 불량하여 토양통기가 불량해 지기쉬우므로 다른 재료를 적당량 혼합하여야 한다.

㉯ 유기질 재료

ⓐ 피트(피트모스)

피트(泥炭)는 초본의 식물이 습지에 퇴적되어 완전히 분해되지 않고 탄화된 것이다. 온도가 높고 유기물의 분해가 빠른 열대, 온대에서는 퇴적되는 량이 적지만 아한대, 한대에는 넓게 분포한다. 특히 수태가 퇴적된 것을 피트모스라 하며 현재 원예용으로 많이 이용되고 있다. 피트모스는 보수성이 높고 공극이 크며, 염기치환용량(CEC)이 높고 보비력도 좋은 재료로 pH는 3.0~6.2인 산성이다. 피트는 원래 식물의 조직이던 것이 분해되지 않고 퇴적된 것이기 때문에 여러 유기성 양분이 함유되어 있지만 실제 비료원으로는 잘 이용되지 않는다. 피트모스는 단독으로도 배양토가 될 수 있지만 pH의 보정과 과습을 피하기 위해 중성, 또는 알카리성 자재를 혼합하여 이용하는 것이 보통이다.

ⓑ 수태(물이끼)

보수성, 배수성이 양호한 소재로 호기성 뿌리를 갖는 난류 등에 이용된다. 보비력도 좋고 재배상 거의 문제가 없는 소재로서, 단독으로 많이 이용되고 있으나 다른 토양과 혼합하여 이용하기도 한다.

ⓒ 부엽

낙엽이 퇴적되어 자연적으로 부숙된 것, 인위적으로 퇴적하여 만든 것이 있다. 거친 대공극이 많아 투수성과 통기성이 좋으며 교질성 물질이 풍부하여 보비 및 보수력이 좋기 때문에 분화용 배양토로 많이 이용된다. 재배도중에 분해가 진행되어 구조변화를 일으키기 쉽지만 질소 함유량이 어느 정도 높기 때문에 질소유실은 적다. 침엽수의 부엽에는 생육저해를 일으키는 물질이 있어 광엽수의 부엽이 많이 이용된다. 낙엽을 질소원과 함께 퇴적하여 충분히 부숙 시키면 안정된 구조의 단립으로 변하여 보수. 보비력이 우수한 재료가 된다.

ⓓ 왕겨

왕겨는 우리나라에서 대량으로 배출되는 양질의 소재이다. 입자가 거칠어 흡습력이 나쁘지만 공극이 많고 입자 크기가 일정하기 때문에 혼합용 소재로서 적합하다. 왕겨 표면에는 큐티쿨라층이 있어 흡수가 방해되는데 숙성처리를 하여 이를 제거한뒤 사용하는 것이 좋다. 왕겨를 유기질 급원으로 이용할 때는 세립으로 분쇄하여 부숙과정을 거쳐야 표면적이 커지고 분해속도도 빨라지게 된다.

ⓔ 훈탄

왕겨를 탄화한 것으로 가열되어 있기 때문에 무균상태의 재료이다. 세공극이 많고 염기치환용량도 높다. 훈탄은 양액재배와 훈탄육묘에 사용되는 소재로 왕겨에 비해 입자내 공극이 크고 보수량이 크다. 그러나 무거운 소재와 혼합하거나, 장기간의 재배 시 구조가 부서지기 쉬운 단점을 가지고 있다.

ⓕ 목질소재

제재의 부산물인 수피(바크) 및 톱밥은 구조변화가 적은 양질의 재료이나, 수종 및 산지에 따라 성분, 성질이 크게 다르므로 배양토의 재료로 이용할 때는 특별한 주의가 필요하다. 톱밥은 다공성이며, 보수 및 보비력이 좋아 피트모스의 대체소재로 이용이 가능하다.

바크

톱밥

5장 식물의 토양과 비료

ⓒ 광물질 재료

원래 경량건축용으로 개발된 버미큘라이트, 펄라이트, 암면, 화산에서 용출 또는 분출한 다공질의 광물류의 조각, 경석 등 종류가 많다. 공통적인 특징은 가열되어 있거나 식생이 없는 지하 퇴적물이기 때문에 소독할 필요가 없다는 점이다. 또한 경량으로 공극이 많고 미생물에 의한 분해가 생기지 않으며 구조가 강하다는 점 등을 들 수 있다.

ⓐ 버미큘라이트

질석을 1000℃정도로 가열하여 입자 내 공극을 팽창시킨 것이다. 약산성에서 약알카리성을 나타내고 염기치환용량이 높다. 버미큘라이트는 단독으로 이용 가능하지만 pH 조정 등의 목적으로 피트모스와 혼합하여 사용하고 있다. 버미큘라이트는 알루미늄-철-마그네슘의 규산화합물로 층상으로 되어 있다. 무게는 모래의 1/15정도로 가벼우며 보수 및 보비력이 우수하다. 무균 상태로 삽목하거나 파종할 때 용토로도 적합하다.

ⓑ 펄라이트

진주암을 1000℃정도에서 부풀게 한 것으로, 버미큘라이트와는 달리 입자내 공극을 거의 갖지 않는다. 염기치환용량은 상당히 낮다. pH는 중성 또는 약알카리성으로 피트모스와의 혼합재료로 적당하다. 경량으로 입자내의 공극은 막힌 것이 많으며 저수분장력에서 수분을 많이 흡수하기 때문에 보수성이 좋아 삽목용 토에 적합하다.

ⓒ 암면

약 1500℃에서 용융된 현무암등의 암석을 섬유상으로 가공한 것으로 프레트, 큐브상외에 입상인 제품도 있다. 덴마크에서 개발되어 보급이 시작 되었다. 원료에 따라 약알카리에서 강알카리의 것까지 존재한다. 염기치환능력은 거의 없다. 공극이 상당히 크고(약 97%), 수분, 공기를 충분히 함유한다. 그러나 암면은 저수분장력에서의 보수량이 크고 하층부에 정체하고 있는 물을 많이 가지고 있다. 프레이트, 큐브를 이용한 재배방식은 사경, 역경 등의 양액재배를 개량한 것이라 생각해도 좋다. 큐브는 투수성이 좋아 포인세티아 등의 삽목에 이용되고 있다.

ⓓ 하이드로볼

800℃전후의 온도에서 점토를 구운 것으로 다공질의 소재이다. 그러나 굽는 온도에 따라서는 표면적이 용융하고, 염기치환용량이 낮은 제품이 많다. 가비중은 0.5정도로 보통 밭흙의 중간치 정도이다.

㉣ 기타

발포스티로폴은 입자 중에 공극을 많이 갖고 있지만 대부분 공간이 폐쇄되어 있으며, 고무상으로 되어 있어 물리적으로는 모래와 많이 닮아 있다. 경량이며 영양분이 극히 적기 때문에 고상확보를 위한 첨가재료로 이용할 수 있다.

	흙	재배토	퇴비(Compost)	배지(Substrate)
예	砂	원예토	부엽	피트모스
부식과 공극	증가 ───────────────────────→			
밀 도	1.2 ~ 1.5	1.0 ~ 1.3	0.3 ~ 0.5	0.1 ~ 0.3
잡초방제	yes	yes	자주	no
병의 오염	대	대	소독필요	없다
pH와 양분제어	no ──────────────── 가능 ─────→			
생육과 건전	증가 ───────────────────────→			
위험성	감소 ───────────────────────→			

분화재배용 배양토의 평가

iv) 배양토 조제

배양토의 적정 배합비율은 재배작물의 종류 및 생산유형에 따라 어느 정도 달라지게 되므로 사전에 재배품목의 생육습성 등에 대한 충분한 이해가 필요하다. 배양토 조제시 고려해야 할 일반적인 요인은 구조유지, 투수성, 수분유지, 공극량 등으로 지금까지 국내에서는 아래 표와 같이 토양, 부엽, 모래를 주원료로 하여 작물에 따라 적당한 배합비율로 이용하여 왔다. 그러나 앞으로는 노동생산성과 유통 등 경제적인 이유, 근권의 효율화 등의 이유로 무기토양을 포함하지 않는 경량배양토가 많이 이용될 것으로 전망된다.

식물종류	부엽	배양토	모래	피트(토탄)	버미큘라이트	펄라이트	왕겨숯	수태
일반분화	3	5	2	(3)	−	−	−	−
관엽식물1	5	3	2	(5)	−	−	소량	−
관엽식물2	3	5	2	(3)	−	−	−	−
세인트폴리아	7	2	1	또는 2	7	1	소량	−
선인장	2	−	7	(2)	−	−	−	1
국화	5	3	2	(5)	−	−	−	−
란 및 아나나스류	잔자갈, 수태, 키아데아 단용 또는 혼용							

식물유형별 배합토 구성비율(원예연구소)

※ 관엽식물 1 = 숙근류, 관엽식물 2 = 목본류, ( ) : 부엽이 없을 때
표 8은 외국의 표준배양토 조성을 나타낸 것으로, 풍부한 피트모스 자원을 이용한 표준배양토가 보급되고 있다.

배양토	배합 비율	표준 시비량 (N : P : K) / (mg/ℓ)
알스메이어 배양토 시스템 (네덜란드)	10용량 피트모스 10용량 플러그피트 1용량 천사	240 : 92 : 249
온실식물연구소(영국)	75% 피트모스, 25% 세사(분화용) 50% 피트모스, 50% 세사(파종용)	230 : 120 : 290 0 : 150 : 240
존·이네스 배양토(영국)	양토 : 피트모스 : 모래(1/8인치이상) = 7 : 3 : 2 (분화용) = 2 : 1 : 1 (파종용)	161 : 463 : 658 0 : 240 : 0
코넬 Peat-Lite 배합토(미국)	50% 피트모스, 25% 버미큘라이트 또는 펄라이트	117 : 96 : 340
코넬 관엽식물용 배합토	50% 피트모스, 25% 버미큘라이트(NO.2) 25% 펄라이트	238 : 165 : 360
코넬 착생식물용 배합토	33.3% 피트모스(0.5인치이하) 33.3% 바크(1/8~1/4인치) 33.3% 펄라이트(중립)	228 : 280 : 352

표준배양토는 식물이 효율적으로 생육할 조건을 구비한 배양토로써, 작물재배 시 재현성이 높아야 하며 가능한 한 넓은 지역, 많은 생산자가 적응할 수 있도록 표준화된 것이어야 한다.

2) 원예식물이 비료

식물은 정상적인 생육을 하기 위해서 외부로부터 양분이 될 성분을 흡수해야 한다. 식물은 무기물을 물과 함께 뿌리로부터 흡수하여 이용한다. 원예작물 중 화훼류는 종류가 많고 품종이 많아 이들 무기성분, 즉 비료성분을 필요로 하는 양과 성분 등이 공통적인 것도 있지만 차이가 있는 것이 있어 비료 성분에 대한 반응에 작물별로 다르게 나타난다.

① 식물의 필수 영양분

식물이 자라는데 가장 많이 필요로 하여 많이 흡수하는 비료성분에는 질소·인산·칼리의 3요소가 있으며, 이것을 필수원소라고 한다. 다음으로 많이 필요한 것이 석회이고, 그 밖에 식물생육에 꼭 필요하면서도 아주 적은 양의 성분이 필요한 것을 미량원소라 하여 철(Fe), 마그네슘(Mg), 망간(Mn), 붕소(B), 알루미늄(Al), 구리(Cu), 몰리브덴(Mo) 등이 있다. 이들 필수원소와 미량원소는 토양이나 공기 등 기온과 식물체 체온이 상승하거나 광도가 높아질 때 뿌리의 호흡작용이 상승하여 더 많이 흡수되어 호흡과 밀접한 관계를 갖고 있는 것(질소, 인산, 칼리 등)을 능동적 흡수라 하여 호흡률을 높이는 환경여건은 이들 비료성분의 흡수율을 높여준다. 이들 성분과는 달리 호흡작용과는 아무 관계없이 물리적으로 흡수, 이동하는 성분(석회)을 수동적 흡수라 한다.

② 비료의 종류

- 유기질 비료

유기질 비료는 대개 동물의 배설물 또는 부식식물체가 있다. 이외에 화학비료 중 요소비료는 화학적으로 탄소가 포함되어 있기 때문에 유기질 비료로 알려져 있다. 유기질 비료에는 퇴비, 유박(깨묵), 미강, 계분, 골분, 부엽토 등이 있다.

- 무기질 비료

ⅰ) 질소

식물이 가장 많이 흡수하는 비료성분으로 공기 중에 많으나 이용하지 못하며, 물에 녹는 무기화합물로 된 상태에서 식물이 흡수(대부분 질산태질소, 일부 암모니아태질소)한다. 일부 콩과식물 등은 공기 중의 공중질소를 기주식물의 뿌리에 공생하는 근류균에 의하여 고정시켜 이용하는 식물도 있다. 질소는 식물체의 단백질, 엽록소 증진, 생장물질, 핵산 등의 필요물질로 이용된다. 질소는 식물의 생장에 필요한 비료이며 잎이 자라는 데 많이 소요 된다. 질소비료의 종류로 유안, 요소, 석회질소, 초안, 복합비료 등이 있다.

ⅱ) 인산

식물체 내 탄수화물의 합성에 필요하고 생육이 왕성한 조직 내 인화당과 핵산에 많이 이용된다. 꽃과 열매, 종자의 저장물질로 존재한다. 식물에는 주로 인산의 음이온 상태로 흡수된다. 인산의 부족은 잎을 진록색으로 변화시키면서 기온이 낮을 때 잎 주변이 보라색으로 변할 때가 있고 생육이 억제된다. 인산비료의 종류로는 일산일석회(수용성)비료로 과석, 중과석, 복합지료가 있으며, 인산이석회(구용성)비료로 용성인비, 소성인비, 토마스인비가 있다. 인산삼석회(불용성) 비료로는 골분, 인회석 등이 있다.

ⅲ) 칼리

탄수화물의 이동과 저장에 관계하고, 칼리의 물과 잘 화합하는 성질 때문에 식물체내 수분의 원활한 작용과 분포를 돕는다. 줄기와 뿌리를 튼튼하게 하여 내한성과 내병성을 깊게 하며, 결핍될 때는 잎 주변이 황화 되면서 마르고 오래된 잎에서 시작되어 어린잎으로 확대되어 생장이 억제 된다. 칼리비료의 종류로는 염화칼리, 황산칼리, 질산칼리, 복합비료, 초목회 등이 있다.

요소비료　　　　　복합비료

iv) 석회

식물조직 내의 세포막을 유지하고 세포 속에 있는 노폐물 또는 해로운 물질을 제거하는 역할을 한다. 부족하면 어린 세포가 흑색으로 고사하게 된다. 석회는 산성토를 중화시키고 지력이 감퇴된 포장을 교정하고, 토양 산성화에 대한 부작용을 없애준다. 석회질 비료의 종류로는 소석회, 석회질소, 초목회 등이 있다.

v) 마그네슘

엽록소의 분자구조상 골격을 만드는 원소이다. 마그네슘의 부족은 엽록소 생성감소로 탄소동화작용이 적어지며 생육이 부진하게 된다. 결핍증은 잎 특히 어린잎은 엽맥을 남기고 황화하며 생육이 멈추게 된다.

vi) 철

엽록소의 구성성분은 아니지만 엽록소 합성효소의 한 성분이다. 철이 부족하면 특히 어린잎에 엽록소 생성이 잘 안되어 생장점 부근이 황화 된다. 산성토양에서 철분이 많으면 인산과 결합하여 인산철이 되고 식물이 인산과 철분 모두를 이용 못하게 된다. 이때 유기염의 철분을 써서 부작용을 방제한다.

vii) 망간

망간은 특수효소의 작용과 탄수화물의 합성을 돕는 미량요소이다. 산성토양에서 망간이 결핍보다는 과잉 흡수되어 피해를 받는 사례가 많이 발생한다. 석회를 시용하여 중화시키면 과잉흡수를 방지할 수 있다.

viii) 붕소

붕소의 결핍은 식물의 잎과 꽃의 기형을 유발시킨다. 우리나라 토양에는 대체로 식물이 필요한 최소량보다 적어 미량원소 결핍증이 발생되는 경우가 있다.

ix) 기타 미량요소

붕소, 아연, 구리, 알루미늄, 몰리브덴 등 미량원소가 식물생육 특히 효소의 구성성분으로 작용하는 등 극히 적은 양이 필요한 것으로 알려져 있으나 샘물 또는 수돗물 등을 이용할 때 같이 시용되어 별도 시용은 하지 않고 있다.

- 무기질 복합 비료

복합비료는 비료의 3요소 중 두 가지 성분 이상을 함유한 비료이며, 그 함량이 30~40%이상의 것을 말하고 비료로의 구분은 제1종 복합비료이다. 1종 복합 비료에는 인산암모늄, 질산, 칼륨, 황산암모늄, 인산칼륨 등이 있다. 시판되고 있는 복합비료는 성분 비율이 N : P : K가 11 : 11 : 11, 18 : 18 : 18, 14 : 18 : 14 등 여러 가지가 있다. 성분 표시에 따라 생육초기의 식물에는 질소질 비율이 높은 것을 선정하고, 성숙기나 구근류, 개화 식물에는 인산과 칼리 성분이 많은 것을 사용한다. 이 밖에 미량요소나 호르몬을 함유하는 제2종 및 4종 복합비료로 하이포넥스, 북살, 캠프살, 비왕, 마그암프 K, 그린코트 등이 있다.

4종 복합비료

③ 시비의 방법

- 엽면시비

식물 뿌리가 정상적인 비료흡수를 못 할 때나 식물의 생육을 더욱 증진시킬 목적으로 질소 또는 미량원소의 액비를 엽면에 살포하는 방법이다. 비료의 종류, 살포액이 농도와 살포시기 및 방법 등에 주의가 필요하다. 엽면살포 비료로는 요소 외에 망간, 붕소 등 미량요소와 인산염, 칼리염을 함유한 액비가 사용된다. 농약살포와 동시에 하기도 하고, 설탕과 생장촉진물질을 가용하거나 복합비료(하이포넥스, 북살, 캠프살 등)를 혼용하여 효과를 증진시키기도 한다.

- 토양시비

질소비료와 같이 토양에서 이동이 잘되는 비료는 토양 표면에 살포하고, 토양에서 이동이 잘 안 되는 인, 칼륨, 칼슘 등과 유기질 비료는 포토 10cm 깊이에 혼입하거나 구멍 또는 도랑을 파서 토양 속에 직접 시비한다. 노지재배에서는 정식시나 연간 한 차례씩 유기질의 밑거름을 식물주변 표토나 분토에 혼입하고 화학비료의 덧거름 시비나 관비시용을 한다.

ⅰ) 토양 표면에 비료주기

수목 주위의 토양 표면에 비료를 흩어 뿌리는 방법으로 빠르고 간단하지만 비료의 유실이 많다. 토양표면에서 뿌리까지 쉽게 이동 할 수 있는 질소질 비료나 4종 복합비료를 줄 때 적합한 방법이다. 고형비료를 골고루 뿌린 다음 물을 충분히 주어 비료성분이 뿌리까지 이동할 수 있도록 하여야 한다. 비료를 주는 위치는 나무의 수관 가장자리 아래를 돌아가며 준다.

ⅱ) 토양 속에 비료주기

토양에 구멍을 뚫거나 도랑을 파서 토양 속에 비료를 직접 넣어 주는 방법으로 토양에서 이동속도가 느린 양분(인, 칼륨, 칼슘)과 유기질 비료를 줄 때 적합하다. 토양 표면이 잔디로 덮여 있을 경우에 주는 방법이다. 토양 내에 공기의 흐름을 좋게 한다.

ⅲ) 도랑시비

수관선 가장자리에 깊이 25~30cm정도의 도랑을 파고 비료를 채운 뒤 흙을 덮어 주는 방법으로 도랑을 파는 방법에 따라 방상시비, 윤상시비, 전면시비, 선상시비 등이 있다. 작은 나무들이 가깝게 식재된 경우 전면시비 한다. 큰 나무들이 넓은 간격으로 식재된 경우에는 방사시비로 하고 생울타리는 선상시비 한다.

④ 시비시기

· 밑거름

밑거름은 10월 하순부터 11월 하순에 낙엽이 진 후부터 땅이 얼기 전까지 주고, 2월 하순부터 3월 하순까지 생잎이 나기 전까지 시비해 준다.

· 웃거름

4월 하순부터 6월 하순인 수목 생장기에 시비해 준다.

6장
병충해 방제

1) 원예식물의 병의 종류와 방제

① 병의 뜻

식물체가 무엇인가의 원인에 의해서 생육이 방해되고 생리적 또는 형태적으로 이상하게 되는 과정을 병(病:disease)이라고 한다. 이상하게 만드는 원인을 병원이라고 하며 이것이 생물이나 바이러스인 경우에는 전염을 하기 때문에 빨리 대책을 강구해야 한다.

② 병원의 종류

병의 원인이 되는 것을 병원이라고 하는데, 병원은 식물에 자극 또는 반응을 일으키는 것이다. 병원은 생물 또는 이에 가까운 것뿐만 아니라 비생물 혹은 물리현상일 수도 있다.

종 류	보 기
비생물성 병원 (비전염성)	부적당한 기상요인 : 냉해, 수해, 설해, 풍해, 한발해, 서리해, 동해 등 부적당한 토양비료 : 수분·양분의 부족, 과잉, 산소부족, pH 등 환경오염 : 대기오염, 수질 및 토양오염(중금속 등) 농작업 : 농약해, 상해
생물성 병원체 (전염성)	곰팡이, 세균, 방사선균, 마이코플라스마, 스필로플라스마, 말무리, 끈적균, 기생식물(새삼) 곤충, 응애, 선충 등
바이러스 병원체 (전염성)	바이러스

병원체의 종류

③ 병의 진단과 대책

- **포기 전체가 시들어 죽을 때**

식물의 물관부위(도관), 뿌리, 줄기의 지면부 등에 세균이나 곰팡이 종류의 병원균이 침입하여 뿌리로부터 수분이나 양분이 지상부의 줄기, 잎, 꽃으로 이동되지 못하므로 지상부가 생기를 잃고 시들어 죽는 현상이다. 세균성 시들음병에 걸린 식물체는 시드는 속도가 매우 빠르나 곰팡이에 의한 시들음병은 속도가 느린 편이며 줄기썩음병은 중간 정도이다.

- **반점성 병해**

잎, 줄기, 가지, 꽃대, 꽃잎 등에 일정한 색깔, 크기, 모양을 지닌 점무늬가 전면에 골고루 생긴다.
　ⅰ) 병원균이 침입하면 식물조직만 변하는 경우 : 식물체 조직이 변하여 반점이나 겹무늬 등이 나타나며 대부분의 병이 여기에 속한다.
　ⅱ) 병반과 함께 병원균이 함께 보이는 경우 : 잿빛곰팡이병, 푸른곰팡이병, 노균병, 흰가루병, 녹병, 깜부기병 등은 병든 부분에 고유 색깔의 곰팡이가 함께 생긴다.

④ 병의 발생과 환경

- **온도 및 습도**

  병원균이 발아하여 기주체에 침입하려면 작물에 따라 차이는 있으나 20~30℃의 온도와 90%이상의 많은 습기가 유지되어야 한다.

- **발병과 토양**

  토양은 식물이 양분과 수분을 흡수하여 생장할 수 있게 해주는 곳이며, 병원균이 서식하고 활동하는 장소이다. 역병, 시들음병, 모잘록병, 균핵병 등은 대표적인 토양병으로서 병원균이 토양에서 생존 및 월동을 한다. 같은 작물을 계속해서 재배하게 되면 병원균의 수가 많아져 병의 발생이 더욱 심하게 된다.

- **발병과 전염원**

  병든 식물체, 병든 토양 및 매개곤충, 중간기주 등은 전염원으로서 중요하므로 바로바로 제거하여 소각하는 등 제거하여 주는 것이 피해를 줄일 수 있는 좋은 방법이다.

- **거름주기와 발병**

  토양중의 양분의 함유량과 거름주기 등에 따라서 식물의 발병 정도에 현저한 차이가 생긴다. 이것은 어느 특정요소가 너무 많거나 적기 때문에 기주체의 정상적인 생리상태가 흩어지게 되고, 병원균의 조직 내 진전에 대한 저항력이 떨어지게 된다.

- **햇볕과 발병**

  햇볕이 부족한 실내나 시설 내에서 식물체가 도장, 연약화 되어 병에 대한 저항력이 약하게 된다.

2) 원예식물의 병해충 방제 대책

① 병의 재배적 방제

- **전염원의 제거**

  ⅰ) 병든 식물의 잎, 줄기, 가지 등을 모아서 태운다.
  ⅱ) 각종 바이러스 병의 매개 식물을 포장 주변에서 없앤다.
  ⅲ) 배나무, 사과나무 및 화목류의 붉은별무늬병의 중간기주인 향나무류, 노간주나무 등을 제거한다.
  ⅳ) 병든 식물을 발견 즉시 제거한다.

- **종자, 알뿌리, 뿌리줄기, 묘목 등은 반드시 병이 없는 것, 상처가 없는 것을 골라 재배한다.**
- **비료를 알맞게 주어 식물체를 튼튼하게 키운다.**
- **토양은 양토가 좋으며 너무 마르거나 습하지 않게 하고 항상 중성에 가깝도록 한다.**

② 병의 물리적 방제

- 종자의 열소독법

화훼류의 종자 중 겉껍질이 단단한 것은 45℃ 물에 30분간 담갔다가 파종한다. 토마토, 가지, 상추, 당근, 완두, 셀러리 등의 종자는 50℃의 온탕에 10~30분간 침지하였다가 파종한다.

- 토양소독

상토를 증기소독 또는 전기소독 후 사용한다.

③ 해충의 재배적 방제

- 저항성 품종을 재배한다.
- 기피식물 또는 장벽식물을 재배한다.
- 흙을 깊이 갈아엎거나 이식시기와 수확시기 등을 변경한다.
- 화목류의 경우 죽은 나무와 가지 등을 모아 태운다.
- 포장에 있는 피해식물의 찌꺼기를 제거하여 태운다.
- 식물의 생육을 왕성하게 한다.
- 물주기, 객토, 거름주기 등은 토성에 상당한 영향을 주고 해충의 발생에도 영향을 주므로 세심하게 관리한다.

④ 농약에 의한 방제(화학적 방제)

- 농약의 정의

우리나라 농약관리법에 '농약이라 함은 수목 및 농림산물을 포함한 모든 농작물을 해하는 균, 곤충, 응애, 선충, 바이러스, 기타 농림부령이 정하는 동식물 방제에 사용되는 살균제, 살충제, 제초제와 농작물의 생리 기능을 증진 또는 억제하는 데 사용되는 생장조정제 및 약효를 증진시키는 자재를 말한다.'고 정의하고 있다. 농작물 재배기간 중 병해충 및 잡초로부터 농작물을 보호하고 수확한 이후까지 농산물의 손실을 최소화하기 위한 목적으로 사용하는 것으로 현대 농업에서 중요한 농자재의 하나이다.

- 농약의 구비조건

ⅰ) 소량으로 약효가 확실해야 한다.

농약이 갖추어야할 첫 번째 요건으로 약효가 확실하지 않으면 농약으로서의 가치가 없는 것이다. 최근 환경오염에 대한 우려가 높아지면서 최대한 적은 양으로 원하는 병해충을 방제하여야 한다.

ⅱ) 인축 및 어패류에 대한 안정성이 있어야 한다.

농약은 정도의 차이는 있으나 어느 정도 독성을 가지고 있는 화합물로서 독성 정도가 높아 농약살포 시 사용자가 노출에 의하여 중독되거나 가축 및 수생식물은 물론 유용곤충 및 천적 등에 대해 안전성을 갖추어야 한다.

ⅲ) 농작물에 안전해야 한다.

병해충 방제를 위하여 사용한 농약이 작물에 약해를 유발하면 농약으로서의 가치를 상실하게 된다. 그러나 특수한 작물의 한정된 시기에만 약해를 유발할 경우 재배방법과 시기를 달리하여 사용할 수 있다면 나름대로 가치가 인정된다.

ⅳ) 가격이 저렴해야 한다.

약효가 우수하고 약해에 안전한 농약도 가격이 비싸 생산비의 점유 비율이 높아지면 사용하기 어렵다..

ⅴ) 농약 주성분이 안정성을 가져야 한다.

농약은 생산, 유통 및 사용하는 과정에서 일시에 한꺼번에 사용되지 않기 때문에 일정기간이 지나도 주성분의 분해가 일어난다거나 물리성이 약화되어 품질의 변화가 일어나면 약효의 저하는 물론 약해 발생의 우려가 있다. 다른 농약과의 혼용 시 혼용약제와 반응하여 쉽게 분해가 일어난다면 농약으로서의 가치가 상실된다.

· **농약의 종류**

농약의 분류는 사용목적에 따라서 분류하는 방법과 작용 특성에 따라 분류하는 방법, 화학적 조성에 따라 분류하는 방법 등 다양하나 사용목적에 따라 다음과 같이 분류하는 것이 일반적 분류이다.

ⅰ) 살균제(Fungicide)

병원균이나 병원세균 등을 방제하는 약제와 바이러스를 줄일 수 있는 항바이러스제 등을 말하는 것으로 병원균의 포자가 식물체 내에 침입하는 것을 방지하기 위하여 사용되는 보호살균제와 병원균의 발아, 침입방지는 물론 침입한 병원균을 사멸 시키는 작용을 통해 치료를 목적으로 하는 직접 살균제 등으로 나눌 수 있다. 사용목적에 따라 토양 중의 병원균을 사멸시키는 토양소독제와 종자에 감염된 병원균을 방지하기 위한 종자소독제와 수확 후 저장중의 부패방지를 위한 방부제 등으로 분류한다.

살균제

종자소독제

ⅱ) 살충제(Insecticide)

농작물에 가해하는 해충을 방제하는 약제로서 소화중독제, 접촉 독제, 침투성 살충제 유기인제, 기피제 등이 있다. 소화중독제는 해충의 먹이가 되는 식물의 경엽에 농약을 살포하여 부착시킴으로써 먹이와 함께 농약이 해충의 소화기관 내로 침투하여 독작용을 발현하는 것이다. 접촉 독제는 약제를 해충에 직접 살포하여 체내로 침투시키거나 약제가 살포된 작물에 해충이 접촉하므로 살충작용이 나타나는 것으로 카바메이트계, 유기인제, 합성 피레스로이드계 등이 있다. 침투성 살충제는 약제를 식물의 경엽 또는 토양에 처리하여 식물체 내에 흡수 이행시켜 식물 각 부위에 분포시킴으로 주로 흡즙 해충에 이용되는데 어린식물에 사용할 때 효과가 더 크다. 유인제는 해충을 일정한 장소에 유인할 수 있도록 만들어진 약제로서 달팽이 방제 및 수목 류 해충방제에 이용된다. 기피제는 해충이 농작물에 접근하지 못하도록 사용하는 것으로 주로 가정용 위생해충 등에 사용하고 있다.

 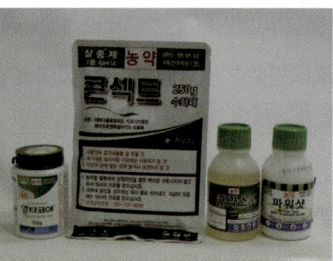 

　　　　　　　　살충제　　　　　　　　　　　　　　　달팽이 유인제

ⅲ) 살응애제(Acaricide, Miticide)

응애 등 식물기생성 응애류의 방제에 사용하며 응애류 전문방제약제나 다른 해충과 동시에 방제가 가능한 약제 등 다양한 형태의 약제가 있다.

ⅳ) 살선충제(Namaticide)

토양 중에 존재하는 많은 종류의 선충을 방제하기 위하여 사용하는 약제로서 주로 훈증제 들이 사용되고 있으나 최근에는 입제 형태의 약들이 개발되고 있다.

ⅴ) 제초제(Herbicide)

작물의 생육기간 중 토양 중에서 같이 자라면서 양분과 수분을 경쟁적으로 수탈하는 잡초를 방제하기 위해서 사용하는 약제이다. 제초제는 처리방법에 따라 토양처리제, 경엽처리제로 구분하며, 작용 특성에 따라 선택성제초제, 비선택성제초제 등으로 구분하기도 한다.

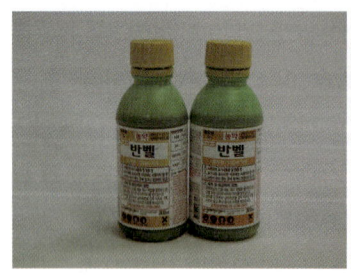  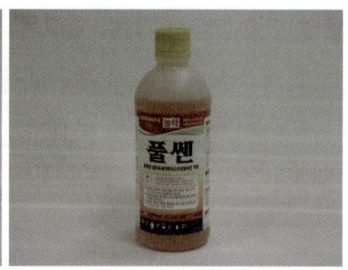

　　　　　　　　선택적제초제　　　　　　　　　　　　　　　비선택적제초제

vi) 생장조정제(Plant growth regulator)

식물의 생육을 촉진하거나 억제하는 데 사용하는 약제로 지베렐린, 에스렐과 발근촉진제 등이 사용되고 있다.

- **농약의 형태에 따른 분류**

농약의 제제 형태에 따라 분류하는 방법으로 크게 유제, 액제, 수화제, 액상수화제, 수용제, 입제, 분제 등이 사용되어 왔으며 최근 훈연제, 미분제 등이 개발되어 사용되고 있다.

유제는 유효성분을 적당한 유기용매에 녹여 유화제를 첨가한 것으로 다른 제형에 비하여 제제가 간단하며 수화제에 비하여 살포용 약액제조가 간단하며, 약효가 우수하고 확실한 장점을 가지고 있으나 포장용기로 유리병이나 기타 병 용기를 사용하기 때문에 포장, 수송, 보관에 경비가 많이 소요되는 단점이 있다.

수화제는 주제를 흡수 능력이 높은 증량제, 계면활성제를 가하여 혼합 분쇄시켜 만든 것으로 유제에 비하여 고농도의 제조가 가능하며 계면활성제의 사용량을 줄일 수 있어 계면활성제에 약한 작물에 효과적으로 사용되며, 포장, 수송, 관리가 쉽고 빈병처리에 어려움이 적은 장점이 있다. 그러나 살포액 조제를 위한 평량 시 사용자의 호흡을 통한 농약의 체내 침입이 우려된다.

입제는 제조하는 방법에 따라 여러 가지 있으며 입상상태로 되어 있어 사용이 간편하고 입자가 크기 때문에 비산이 적어 사용자에 안전하나 값이 비싼 편이다.

훈연제는 최근 시설 내의 병해충을 손쉽게 방제하기 위하여 조제된 약으로 주성분에 발연제, 방염제, 증점제, 접합제, 증량제 등을 혼합하여 불을 붙여 연소 시 발생하는 연기를 대상 병해충에 접촉시켜 약효를 나타내도록 하는 특성을 가지고 있다. 처리시간이 짧고 사용상의 편리함이 있으나 약제를 살포하기 전 완전 밀폐를 하고 사용 후 충분한 환기를 해야 하는 등의 번거로움이 있다.

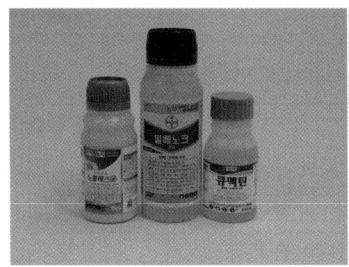
유제

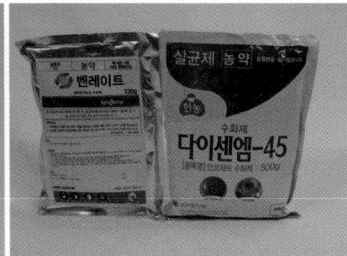
수화제

입제

- **농약의 사용방법**

ⅰ) 농약의 선택

농약을 사용하고자 할 때는 먼저 병해충의 종류, 발생상황 및 대상작물의 종류, 품종, 생육상황을 고려하여 농약의 종류 및 제형 등을 선택하고 사용시기, 살포량, 살포방법 등을 결정하여야 한다. 특히 여러 가지 병해충을 동시에 방제코자 할 경우에는 혼용가부를 확인한 후 약제를 선택하는 것이 매우 중요하다.

ⅱ) 살포액 조제

제형에 따라 입제, 분제, 훈증제 등은 제품 그대로 살포하면 되고, 유제, 액제, 수화제, 수용제 등과 같이 약액을 희석하여 살포하여야 하는 것은 살포액을 조제 살포하여야 한다. 살포액에 따라 약효를 저하시키거나 약해를 유발할 수도 있으므로 다음 사항들을 주의해야 한다.

㉮ 물의 선택

농약을 공장폐수나 알칼리성 용수에 희석할 경우 주성분이 분해되어 약효가 떨어지거나 약해를 유발시킬 수 있으므로 주의해야 한다.

㉯ 규정농도 준수

대상 병해충에 따라 희석 배수가 규정되어 있으므로 이를 반드시 확인하여 조제한다.

㉰ 충분한 혼화

유제나 수화제 같이 농약이 물에 잘 녹지 않는 제형들은 충분히 혼화시켜야 유화성, 수화성 불량에 의한 약해가 발생되는 것을 막을 수 있다. 특히 약제를 혼용 살포할 때는 충분히 혼화 살포하는 것이 무엇보다 중요하다.

㉱ 살포액 조제방법

유, 액제 등을 물에 희석하여 사용할 때는 배수, %, ppm등 여러 가지 방법이 있다.

– 배수조제법 : 일반적으로 사용하는 방법으로 다음 식에 의하여 살포하고자 하는 물 양에 첨가할 약제의 양을 계산한다.

$$약량(ml, g) = \frac{단위면적당\ 살포농약량(ml)}{희석배수}$$

ⅲ) 살포기구

㉮ 인력분무기(배부식분무기)

구조나 취급조작이 용이하여 소규모 영농 시 사용하기에 적합하다. 기계의 가격이 저렴하여 손쉽게 구입이 가능하나 인력에 의존하기 때문에 살포효율이 떨어지고 인건비의 소요가 증가된다.

㉯ 동력살분문기

희석제 농약 및 분제를 살포할 수 있어 광범위하게 사용이 가능하고 살포액의 분무입자가 아주 작으며 시설원예에서는 파이프 다스타에 의한 미준제 등의 살포에도 이용된다.

㉰ 동력분무기

경영 규모가 비교적 큰 농가에서 사용이 가능하며 원거리 노즐에 의해 고성능 작업이 용이하다.

㉱ 연무방제기

포그 머신이라 하는데 살포량은 적고 고농도로 살포되기 때문에 기계에 적합한 약제 및 제형을 선택하여 살포하는 것이 중요하다.

3) 병충해의 종류와 방제법

① 병해의 종류와 방제법

- **탄저병(Glomerella cingulata)**

ⅰ) 피해와 진단

처음 연한 갈색으로 탄 것과 같은 변색을 하여 차츰 중앙부가 퇴색하여 잿빛으로 되고 둘레가 진한 갈색으로 되어 건전부와의 경계가 분명히 된다.

병반은 잎 가장자리나 중앙부에 원형, 타원형, 부정형으로 되고, 그 둘레에 희미한 겹무늬가 생길 때도 있다. 오래된 병반에는 검고 작은 균핵을 형성한다.

ⅱ) 생활과 발생조건

병원균은 병든 조직에서 자낭각이나 균사의 형태로 월동하였다가 자낭포자 또는 분생포자의 형태로 바람에 의해 전파된다.

ⅲ) 방제법

병든 잎은 빨리 제거, 소각하여 전염원을 없애 준다. 약제 방제로는 다코닐, 디포라탄, 다이젠엠 45 등 탄저병약을 살포하고 관수할 때는 잎에 물이 묻지 않도록 주의한다.

탄저병

- **잿빛곰팡이병(Botrytis sp.)**

ⅰ) 피해와 진단

잎에 발생한다. 잎을 다발모양으로 묶은 삽목묘에 많이 발생하며 처음에는 외부 잎의 끝부분으로부터 수침상의 무늬가 생기고 차츰 잎 전체가 썩어 갈색으로 변한다. 이러한 잎 표면에는 곰팡이가 밀생하고 이 곰팡이가 소실될 때쯤에는 잎 표면에 검은색의 부정형이고 편편한 균핵이 형성한다. 심할 때는 엽병이나 새싹에까지 발생하여 포기 전체가 썩는다.

ⅱ) 생활과 발생조건

피해잎에서 균사나 균핵으로 월동하여 여기서 형성한 분생포자가 비산하여 전파되는 것으로 알려져 있다.

ⅲ) 방제법

온실이나 실내에서는 되도록 통풍, 환기를 잘하여 습도가 높아지지 않도록 하는 것이 가장 중요하다. 또 발병된 잎이나 꽃은 될수록 빨리 따서 태운다. 다코닐, 스미렉스, 놀란 등 잿빛곰팡이병약으로 방제하고, 실내 습도를 낮추어 주도록 한다.

- **갈색무늬병(褐斑病, Phyllosticta sp.)**

ⅰ) 피해와 진단

잎에 발생하며 처음 연한 갈색의 타원형인 작은 반점이 생기며 주위에는 연한 황색의 둥근 무늬모양이 생긴다. 후에 차츰 커져서 긴 타원형으로 되나 심할 때에는 엽맥을 따라 잎이 마른다. 병반이 커지면 중앙부는 퇴색되어 잿빛으로 된다. 잿빛으로 마른 부분에는 분생자가 들어 있는 병자각이 만들어진다.

ⅱ) 생활과 발생조건

병원균은 병든 잎에서 월동하고 병포자가 비산되어 전염된다. 온실 내에 온도가 높고 습기가 많으면 발생이 심하다.

ⅲ) 방제법

병든잎은 되도록 빨리 제거하고 전염원은 오래 남겨두지 않는 것이 중요하다. 새 잎이 자랄 때에는 지네브수화제, 마네브수화제, 동수화제 등 각 500배액을 정기적으로 살포하여 감염 방지를 한다. 관수할 때 잎이 물에 젖을 경우 감염의 기회를 주는 것이 되므로 물이 닿지 않게 하는 것이 좋다.

- **점무늬병(斑點病, Phaeosphaerella gardeniae)**

ⅰ) 피해와 진단

잎에는 처음에 갈색의 둥글고 작은 반점이 생기고 차츰 커진다. 병반에는 검고 작은 알맹이가 형성된다. 이것은 병원균의 자낭각이다.

ⅱ) 생활과 발생조건

자낭각 속에는 자낭포자가 들어 있으며 잎의 표피 속에 들어 있고 유두상의 구공이 위로 보인다. 자낭각은 병든 잎에서 월동한 후 수분을 많이 흡수하게 되면 포자가 외부로 나와 비산하여 전염원이 된다.

ⅲ) 방제법

자낭각이 형성되어 있는 병에 걸린 잎을 제거하면 다음해의 발병을 억제할 수 있다. 다코닐, 스미렉스, 놀란 등 잿빛곰팡이병약으로 방제한다.

- **그을음병(Dimerosporium gardeniicola)**

  ⅰ) 피해와 진단

  보통은 새 가지에 발생하나 심할 때는 묵은 가지에도 발생한다. 오래된 잎의 표면에 검은색의 피막이 점점 생기나 이것이 차츰 잎 전체에 검은색 막이 덮이고 녹색은 보이지 않게 된다. 손으로 닦으면 녹색이 나타난다.

  ⅱ) 생활과 발생조건

  균사는 암갈색이고 분생자와 함께 잎을 주로 덮고 있다. 특히 햇빛이 강하여 탔다거나 통풍이 잘 안 되는 곳에서 잘 발생한다.

  ⅲ) 방제법

  병이 보이지 않더라도 살균제를 살포하는 것이 좋으며 가를 간벌하여 통풍이 잘되게 한다.

- **흰가루병**

  ⅰ) 피해와 진단

  신초, 어린잎이나 잎자루, 가시 등에 발생하지만 심하면 꽃자루, 꽃받침, 꽃잎 등에도 발생한다. 잎은 처음 흰가루 모양의 곰팡이가 반점으로 나타나지만 심하면 잎 전체가 밀가루를 바른 것처럼 곰팡이가 밀생한다. 새싹에 발생하면 생육이 불량해진다.

  ⅱ) 생활과 발생조건

  이병된 가지나 잎눈에서 월동한 균사체나 자낭각은 온도가 높아짐에 따라서 활동하기 시작하여 새눈, 새잎에 침입하고 분생포자를 만들어 1차 전염된다. 온도와 습도가 적당하면 분생포자는 발아하여 식물의 표피층을 뚫고 들어가 세포내에 흡기를 만들어 영양분을 취하면서 번식하게 된다. 분생포자는 바람에 의해 전염을 반복하며, 번식에 부적합한 환경이 되면 균사체 상태로 외기의 영향이 적은 숨은 눈 등에 들어가 월동한다. 발병적온은 17~25℃ 이며, 습도는 23~90%로 그 범위가 상당히 넓어서 습기가 많은 곳과 건조한 곳에서도 피해가 큰 병이다. 온도가 낮고(15~16℃) 높은 습도(90~99%) 상태인 야간뿐만 아니라 주간의 고온(23~27℃)과 저습도(40~70%)하에서도 분생포자가 성숙하여 비산하므로 급속히 번져나갈 수 있다.

  ⅲ) 방제법

  실내에서는 저녁 때 창문이 열린 상태로 환기하여 습한 공기를 실외로 내보낸 후에 창문을 닫아 야간의 습도를 내리고 낮에는 최대한 환기시켜 습한 공기를 실외로 내보내는 등 환경조절이 최선의 방법이다. 질소의 과용을 피하고 적당한 칼리비료 시용이 필요하다. 휴면기의 전정 시 마른가지도 포함하여 깨끗하게 잘라 전염원을 없애는 것이 중요하다. 저항성 품종을 찾아서 재배한다. 샤프롤유제, 지오판수화제, 훼나리 수화제, 티디폰수화제, 트리아디메놀수화제 등으로 방제한다.

흰가루병

② 충해의 종류와 방제

· **해충의 뜻**

해충의 섭식, 산란, 잠복 및 기타의 활동을 통하여 생육 중의 작물 등의 수량을 감소시키고 품질을 저하시킬 뿐만 아니라 수확 후 가공, 유통, 저장 중에도 피해를 주는 동물군을 해충이라고 한다. 해충이라는 용어는 인간을 중심으로 그 유용성이 판단, 사용되는 것으로 명백하지 않은 경우도 있다.

· **해충의 가해상태**

ⅰ) 씹어 먹어서 해를 주는 것

풍뎅이류, 나비, 나방의 유충, 벌류의 유충 등과 같은 해충은 식물체의 각 부분을 먹어서 해를 준다. 가해 양식은 표면부터 마구 먹는 것, 잎살만 먹고 잎맥을 이상하게 남기는 것, 양쪽의 표피만을 남기고 먹는 것 등 여러 가지 형태가 있다.

ⅱ) 즙액을 빨아 먹어서 해를 주는 것

진딧물, 매미충 등은 식물체 조직에 주사 바늘 같은 주둥이를 꽂고 즙액을 빨아먹어 해를 준다. 이런 해를 입으면 잎이나 어린줄기는 물론 그 윗부분, 심하면 작물전체가 쇠약해지고 생육이 나빠져 죽어버리게 된다.

ⅲ) 산란할 때 해를 주는 것

해충 중에 알을 낳을 때 입으로 식물체 조직의 일부를 물어뜯고 그 속에 알을 낳거나 산란관을 조직 속에 넣고 식물의 조직 속에 알을 낳는 습성을 가진 것이 있다. 하늘소류나 잎벌레는 알을 낳을 때 줄기나 가지의 껍질을 물어뜯어 그 상처 속에 알을 낳는다. 이와 같은 방법으로 산란된 가지는 흔히 말라 죽거나 생육이 나빠진다.

ⅳ) 혹을 만드는 것

해충이 작물의 눈, 꽃망울, 줄기, 가지, 잎, 뿌리 등에 알을 낳거나 가해하면 그분의 세포가 이상증식하여 충영을 만드는 경우가 있는데, 혹파리, 굴파리, 혹벌, 바구미, 하늘소, 진딧물, 총채벌레, 응애 등에서 볼 수 있다.

ⅴ) 병의 전파 또는 유인 되는 것

진딧물류, 멸구류, 매미충류 등이 바이러스 병을 매개한다. 튤립, 글라디올러스, 다알리아, 백합, 카네이션 등의 바이러스 병은 복숭아 혹진딧물, 목화혹진딧물 등이 옮긴다.

- **원예식물의 주요해충의 종류와 방제**

ⅰ) 점박이응애(Tetranychus urticae)

㉮ 피해증상

관엽식물의 잎 앞면에 갈색의 부정형 반점들이 나타난다. 잎 전체가 황화 또는 갈변하여 생기가 없어진다. 신초부위에 점박이 응애가 집단으로 가해하면 신초의 전개가 지연되고 기형이 된다. 피해가 심각해지면 잎이 쭈그러지면서 갈변하고 생장점 근처가 말라 들어간다.

㉯ 해충의 형태 및 생태

점박이응애의 크기는 암컷이 0.4mm, 수컷이 0.3mm 정도 되며 다리는 네 쌍이다. 전체적으로 담황색 또는 황록색이며 등 좌우에 검은 무늬가 있다. 알은 공처럼 둥글고 흰색 또는 담황색이며 알에서 부화한 약충은 담색을 띤다.

점박이응애는 알 → 애벌레 → 제1약충 → 성충까지 한 세대를 완료하는데 25℃에서 약 10일 정도 소요된다. 온실을 건조하게 관리할 때 발생이 많이 된다.

방제용 약제로는 디크론, 비펜스린 과립훈연제, 치아스, 디디프이피훈연제(파워킹) 등이 등록되어 있다. 점박이응애는 약제 저항성이 쉽게 발달되므로 동일한 약제를 계속 사용하게 될 경우 약효가 크게 떨어지는 경우가 있다. 지제부에 가까운 하엽에서 밀도가 높으므로 약제 살포 시에 식물체의 아랫부분에 약액이 충분히 뿌려지도록 주의하여야 한다.

점박이응애

ⅱ) 깍지벌레

깍지벌레는 개각충이라고도 하며, 작은 조개를 뒤집어 놓은 모습으로 통풍이 좋지 못하고 관선도 약한 곳 또는 겨울 동안 따뜻한 실내에 둔 관엽식물, 난류, 목본성 식물 등에 피해가 크고, 심하면 생육이 나쁘고 잎이 일찍 낙엽이 되기도 하며 포기 전체가 고사하기도 한다. 깍지벌레는 연간 1~8회 까지 다양하게 발생하고, 환경조건이 나쁘면 알 상태로 지내며, 수컷이 많지 않아 단위생식을 하는 경우도 있다. 주로 잎이나 가지에 기생하며 즙액을 빨아먹는다.

깍지벌레를 방제하기 위해서는 발생량이 적을 때는 직접 손이나 솜으로 긁어내어 수년 뇌나 밀노가 높을 때에는 약제로 방제한다. 디메토에이트나 스프라사이드와 같은 액제를 발생초기 또는 그 후에 1~2회 살포한다. 독성이 강한 농약이므로 실내식물인 경우에는 냄새가 없어질 때까지 밖에 내놓는 것이 좋다. 깍지를 형성한 후에는 약제 방제 효과가 낮으므로 발생초기와 어린 유충기에 깍지벌레약을 사용하여 방제한다.

깍지벌레

가루깍지벌레

ⅲ) 진딧물

성충 및 유충이 어린 싹이나 잎 뒷면에서 떼를 지어 즙액을 빨아먹으므로 잎의 생육이 위축되고 생육이 저해된다. 노지에서는 연 9~33세대가 발생하나 온실 내에서는 환경에 따라 차이가 있다. 초여름부터 가을 사이에 발생이 심하다. 적합한 환경에서 알 → 약충 → 3회탈피 → 성충으로 한 세대를 완료하는 데는 5~8일이 소요된다. 수명은 17~27일 정도이며 암컷은 보통 20개 정도의 알을 낳는다. CMV 등 각종 바이러스를 매개한다.

실내에서는 연중 발생할 수 있으므로 신초부위를 주의 깊게 살펴 잎당 2~3마리 정도 발생하면 즉시 방제하도록 한다.

방제용 약제로는 에스펜발러레이트유제(적시타), 알파스린유제(화스타), 이시트수화제(오트란, 올커니), 비펜스린수화제(타스타), 델타린유제(데시스), 디디브이피훈연제(다니톨) 등이 있다.

진딧물

iv) 온실가루이

잎 뒷면에 주로 기생하며 즙액을 빨아먹으므로 잎이 퇴색하거나 위축되고 심하면 식물체의 세력이 약화된다. 온실가루이가 배설한 곳에는 그을음병이 생겨 관상가치가 떨어진다. 성충은 흰색 또는 담황색이며 체장이 1.4mm이고 2쌍의 날개가 있다. 알 → 1령충 → 2령충 → 3령충 → 성충으로 1세대를 완료하는데 3~4주 정도 소요되며 증식력이 매우 강하다.

방제농약으로는 수프라사이드, 모레스탄, 데시스 등이 효과적이다.

온실가루이

v) 회양목 명나방

회양목에 거미줄을 토하여 잎을 묶고 그 속에서 잎을 식해한다. 피해 받은 나무는 수관에 거미줄이 많이 있으며 피해를 심하게 받으면 수관의 밑 부분이 말라 고사한다. 성충의 앞날개 길이는 20~25mm 정도이고 머리는 회백색이며 가슴과 배는 은백색이다. 유충의 몸길이는 약 35mm 내외로 머리는 검고 광택이 있으며 몸은 황녹색으로 아배선과 기문상선에 넓은 갈색 띠가 있다. 연2회 발생하나 3회 발생하기도 하며 유충으로 월동한다. 월동한 유충은 4월부 하순부터 출현하여 가는 가지에 거미줄을 치고 그 속에서 잎의 표피와 잎살을 식해한다. 6월 상순경부터 피해가 심하게 나타나며 가해부위에서 번데기가 된다. 1화기 성충은 6~7월에 우화하며, 2화기 유충은 8월에 나타나고 2화기 성충은 8월 하순에 나타난다. 유충기인 4월과 8월에 페니트로티온 유제 또는 에토펜프록스 수화제 1000배액을 10일 간격으로 2회 수관에 살포한다.

회양목 명나방

7장
잡초방제

1) 잡초의 정의

잡초란 '원하지 않는 곳에 자라는 풀'을 말하며 정원식물 및 잔디와 광선, 양분, 수분 등을 경합하여 정원의 경관을 해치고 정원식물의 생육을 방해한다. 정원의 미관이나 정원식물과 잔디를 건강하게 생육하게 하기위해서 정기적으로 제초작업을 해주어야 한다. 제초작업을 하기 전에 잡초의 종류, 생태를 파악하고 제초작업을 하면 효과적으로 잡초방제를 할 수 있다.

2) 잡초의 특성

잡초는 광합성 효율이 높아 생장이 빠르다. 또한 종자의 생산량이 많고, 종자가 가벼워 멀리까지 이동할 수 있어 널리 퍼지는 특성을 가지고 있다. 불량한 환경에서도 발아와 생장을 할 수 있어 작물과의 경쟁에서 우점할 수 있다. 어릴 때부터 생식생장을 하며 개화 후 성숙이 빠르다. 종자번식과 영양번식을 함께 하여 번식력이 크기 때문에 방제가 어렵다.

3) 잡초의 분류

잡초는 크게 형태와 생활형에 따라 분류한다. 형태적 특성에 따른 분류로는 화본과 잡초, 사초과(방동사니과) 잡초, 광엽잡초로 분류한다. 생활형에 따른 분류로는 일년생과 다년생으로 분류한다.

① 형태에 따른 분류

· 화본과 잡초

화본과(벼과)에 속하는 잡초로 잎이 좁고 길며, 잎맥이 평행하다. 줄기가 둥글고 속이 비어있으며, 마디가 있다. 화본과 잡초에는 피, 바랭이, 뚝새풀, 강아지풀 등이 있다. 손으로 닦으면 녹색이 나타난다.

| 피 | 바랭이 | 뚝새풀 | 강아지풀 |

· 사초과 잡초

사초과(방동사니과) 잡초는 화본과와 비슷하지만 줄기가 삼각형이고, 속이 차있으며 마디가 없는 것이 특징이다. 사초과 잡초에는 너도방동사니, 참방동사니, 향부자, 올방개, 매자기, 올챙이 고랭이 등이 있다.

참방동사니　　　올방개　　　매자기　　　올챙이고랭이

- 광엽잡초

광엽잡초는 화본과나 방동사니과에 속하지 않는 잡초로서 잎은 넓고 평평하며 잎맥이 그물맥으로 주로 쌍떡잎 식물이다. 광엽잡초의 종류로는 망초, 개망초, 토끼풀, 쑥, 닭의장풀, 여뀌, 중대가리풀, 깨풀 등이 있다.

망초　　　개망초　　　토끼풀　　　쑥

닭의장풀　　　여뀌　　　중대가리풀　　　깨풀

② 생활형에 따른 분류

- 일년생 잡초

일년생 잡초란 일 년 이내에 발아해서 생장하고 개화하여 종자를 생산한 다음 고사하는 잡초를 말한다. 종자로 번식하기 때문에 멀리까지 이동이 가능하다. 종류로는 바랭이, 피, 쇠비름, 뚝새풀, 냉이, 닭의장풀, 개망초, 애기땅빈대, 여뀌 등이 있다.

바랭이 　 피 　 쇠비름 　 뚝새풀

냉이 　 개망초 　 애기땅빈대 　 여뀌

· **다년생 잡초**

다년생 잡초란 이년이상 생육하는 잡초를 말하며 겨울동안 지상부는 고사하지만 뿌리는 살아있어 봄이 되면 새싹이 나와 여러 해 동안 살아가는 숙근성 식물이다. 뿌리와 같은 영양체로 번식을 하며, 이동성은 일년생 잡초에 비해 떨어진다. 종류로는 민들레, 쇠뜨기, 쑥, 토끼풀 등이 있다.

민들레 　 쑥 　 쇠뜨기 　 토끼풀

4) 잡초의 방제

① 잡초방제 시기

정해진 시간은 없고 보이는 즉시 바로 제거하는 것이 가장 좋다. 잡초제거를 신경 써야 하는 시기는 왕성하게 자라기 시작하는 5월부터 9월까지이다. 이 기간 중 특별히 7월과 8월은 집중적으로 잡초를 제거해 주어야 한다. 고온과 다습한 온도조건에서 잡초의 생장이 가장 왕성한 시기로 잡초가 발아해서 어리고 연약할 때 지속적으로 제거해 주는 것이 가장 좋은 방법이다. 꾸준하게 관리하는 것이 어려우면 바크나 우드칩으로 멀칭하여 잡초를 방제해 주면 효과가 있다.

② 잡초 제거하는 법

잡초는 꽃이 펴서 종자가 달리기 전에 제거해 주어야 하며, 발아해서 커지기 전에 어릴 때 제거해 주는 것이 좋다. 잡초가 눈에 띌 때 마다 제거해 주어야 하고, 뿌리가 남지 않게 뿌리 끝까지 제거해 주어야 한다.

③ 물리적 잡초방제

· 풀뽑기

잡초의 아랫부분을 잡고 천천히 좌우로 흔들면서 당겨 뽑는다. 뿌리가 깊은 잡초는 잡초제거용 포크나 호미 등의 도구를 사용해서 뽑아준다. 잡초를 한손으로 잡고 다른 한손으로 포크를 뿌리가 있는 땅속으로 삽입한 다음 포크를 위로 들어 올려 잡초를 뽑아준다. 이때 줄기나 잎이 끊어져서 뿌리가 남지 않도록 해야 한다. 잡초의 뿌리가 남아 있으면 잡초가 다시 나오게 된다. 제거된 잡초는 정원이나 식재지 밖으로 버려야 한다.

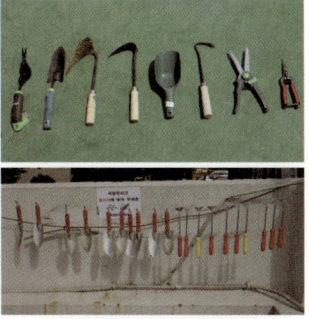

잡초제거용 포크, 호미

· 풀깎기

잡초의 지상부를 잘라주며 잡초를 제거하는 방법으로 다년생 잡초의 경우 잡초의 윗부분을 깎아도 계속 생장하기 때문에 잡초를 뽑는 것보다는 자주 깎아 주어야 한다. 뿌리를 제거 하지 않고 윗부분만 계속 깎아줄 경우 잡초가 더 번질 우려가 있다.

예초기

· 멀칭

토양의 표면을 어떤 물질로 덮는 것으로 잡초의 발생을 억제시키고 미관을 향상시키는 효과가 있다. 멀칭 재료로는 나무껍질(바크), 낙엽, 짚, 자갈, 마사토, 부직포, 비닐 등이 있다. 정원에서는 미관을 고려한 재료를 사용하는 것이 바람직하다.

바크   낙엽   부직포   비닐

· 경운

호미, 삽, 대형 기계류를 이용하여 땅을 갈아 기존의 잡초를 억제하고 부분적으로 제거하는 방법으로 땅을 갈아야 하는 것과 잡초의 영양기관이 완전히 제거되지 않아 정원에서는 사용하기가 적합하지 않고 텃밭에서 사용하기 좋은 방법이다. 경운과 화학적 방제방법을 복합적으로 사용하면 효과적으로 이용될 수 있다.

④ 화학적 잡초방제(제초제)

제초제를 이용하여 잡초를 제거하는 방법으로 제초제의 특성과 목적에 알맞게 정량을 사용하여야 한다. 제초제는 일반명, 품목명, 상표명의 3종류의 이름이 있으며 일반명은 약제의 효과를 발휘하는 유효성분의 종류를 나타내며, 국제적으로 통용되는 이름(예 : 뷰타클로로)이다. 품목명은 유효성분과 제제형태를 나타내며, 제초제를 등록할 때 사용(예 : 뷰타클로 입제)한다. 상표명은 제조회사에서 붙인 상품명(예 : 마세트)이다.

제초제는 이행성에 따라 이행형제초제와 접촉형 제초제로 구분한다. 이행형 제초제는 접촉부위에 흡수된 후 다른 부위로 이동하여 제초되는 제초제이고 접촉형 제초제는 접촉된 부위에 직접 작용하는 제초제이다. 처리 방법에 따라 토양에 처리하는 토양처리형 제초제와 지상부의 경엽에 처리하는 경엽처리형 제초제로 구분한다. 잡초의 선택성에 따라 잡초의 종류에 따라 독성이 다르게 나타나는 선택적 제초제와 모든 잡초에 독성을 나타내는 비선택성 제초제로 구분하기도 한다.

구 분	제초제의 분류	내용
이행성	이행형 제초제	접촉되는 부위에 흡수된 후 다른 부위로 이행되는 제초제
	접촉형 제조제	접촉된 부분 위에 직접 작용하는 제초제
처리방법	토양처리형 제초제	토양에 처리하는 제초제
	경엽처리형 제초제	지상부의 경엽에 처리하는 제초제
선택성	선택성 제초제	잡초의 종류에 따라 독성이 다르게 나타나는 제초제
	비선택성 제초제	모든 잡초에 독성을 나타내는 제초제

제초제의 구분

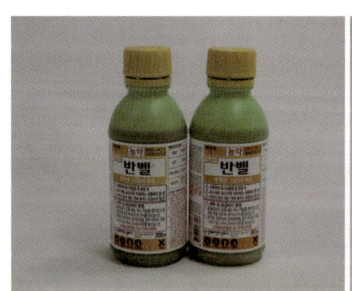

선택성제초제　　　　　　　　　　　　비선택성제초제

품목명 (일반명)	디캄바액제 (반벨)	글루포시네이트 암모늄액제 (바스타)	펜디메탈린 유제 (스톰프)
이행성	이행형	이행형	접촉, 이행형
처리방법	경엽처리형	경엽처리형	토양처리형
선택성	선택형	비선택형	선택형

제초제의 이용 사례

5) 잡초의 종류 및 특성

① 일년생 잡초

보통명 : 땅빈대 / **과명** : 대극과 / **학명** : *Euphorbia humifusa*
발생지 : 밭, 밭둑 / **분포** : 전국, 일본, 중국, 만주, 아무르, 우수리, 몽골, 시베리아 등
형태 : 줄기가 땅위를 포복하면서 가지를 치고 생육하는 일년생 초본류이다. 줄기와 잎 모두 성기게 연모가 있다. 꽃은 6~9월에 피며, 열매는 삭과이다.
특성 : 동아시아 원산의 초본으로 지면을 포복하면서 자란다. 종자로 번식하며 비, 바람, 동물 등에 의해 종자가 전파된다. 종자의 발아 적온은 30℃이하이며 봄에 발생해서 여름에 개화한다. 양지에서 잘 자라며 토양의 종류를 가리지 않는다.

보통명 : 쇠비름 / **과명** : 석류풀과 / **학명** : *Portulaca oleracea*
발생지 : 밭, 밭둑 / **분포** : 전국, 전 세계에 널리 분포
형태 : 포장이나 길가에 흔히 자라는 다육질의 일년생 초본이다. 꽃은 6월부터 가을까지 계속 피며, 가지 끝에 황색으로 핀다.
특성 : 다육질의 다즙성 일년생밭잡초이다. 유럽이 원산지로 알려져 있으나 다육질의 습성으로 보아 사막과 같은 건조한 지역의 식물로 북아메리카가 원산지일 것으로 추측된다. 잘라낸 후에도 재생력이 뛰어나 큰 문제가 되는 밭잡초이다. 종자로 번식하고 다육질의 줄기가 토양에 닿으면 뿌리를 내려 영양번식도 잘 된다.

보통명 : 환삼덩굴 / **과명** : 뽕나무과 / **학명** : *Humulus japonicus*
발생지 : 밭, 밭둑, 길가, 뚝 / **분포** : 전국, 지리적으로 일본, 대만, 중국, 아무르, 우수리에 분포
형태 : 덩굴성 일년생 초본류이다. 줄기는 밑을 향하나 잔가시가 있어 거칠고 오른쪽 감기를 한다. 꽃은 7~8월에 피고 자웅이주이다.
특성 : 동아시아 원산의 덩굴성 일년생 밭 잡초이다. 사전 귀화식물이며 네모난 원줄기와 엽병에 밑으로 향한 잔가시가 밀생하고 있어 거칠다. 종자로 번식하고, 비, 바람, 동물, 사람 등에 의해 전파된다. 밭, 길가, 둑, 황무지, 들, 수원지, 정원, 산기슭, 화단, 숲가, 뽕밭 등에 생육한다.

보통명 : 미국나팔꽃 / **과명** : 메꽃과 / **학명** : *Ipomoea hederacea*
발생지 : 밭, 밭둑 / **분포** : 중, 남부지방에 자생, 열대아메리카 원산으로 북아메리카, 유럽, 아시아에 귀화하여 분포
형태 : 덩굴성 일년생 초본류이다. 식물을 감아 오르거나 지면을 포복하면서 자란다. 꽃은 6~10월에 피며, 이른 아침에 피고 곧 오므라든다.
특성 : 열대아메리카 원산의 밭 잡초이다. 종자로 번식하며 비, 바람, 동물, 사람 등에 의해 전파된다.

보통명 : 메꽃 / **과명** : 메꽃과 / **학명** : *Calystegia sepium* var. *japonicum*
발생지 : 밭, 밭둑 / **분포** : 전국, 지리적으로 일본, 만주, 중국에 분포
형태 : 햇빛이 잘 드는 들에서 자라는 다년생 덩굴식물이다. 줄기는 다른 물체를 감는다. 꽃은 7~8월에 분홍색으로 피며 깔때기 모양이다.
특성 : 동아시아 원산의 덩굴성 밭 잡초이다. 주로 지하경으로 번식하며, 번식력이강하다. 밭이나 밭 주변에서 발생해서 작물을 감으면서 생육하므로 작물에 큰 피해를 주는 잡초이다.

보통명 : 고마리 / **과명** : 마디풀과 / **학명** : *Persicaria thunbergii*
발생지 : 논, 논둑, 도랑, 수로, 습지
분포 : 전국, 지리적으로 일본, 대만, 중국, 만주, 우수리, 사할린, 캄차카, 동시베리아, 코카서스 등에 분포
형태 : 일년생 초본류로 줄기가 옆으로 누우면서 마디에서 뿌리가 나고, 위쪽은 위를 향해 자란다. 성기게 밑을 향한 잔가시가 있다. 꽃은 8~9월에 피며, 기지 끝에 두상으로 모여 핀다.
특성 : 종자로 번식하는 일년생 논 잡초이다. 수로의 가장자리에 많이 난다.

보통명 : 왕바랭이 / **과명** : 벼과 / **학명** : *Eleusine indica*
발생지 : 논둑, 밭, 밭둑 / **분포** : 전국, 지리적으로 일본, 세계의 난대지방부터 열대지방까지 널리 분포
형태 : 일년생 초본으로 줄기가 총생하며 높이 30~80cm, 납작하다. 꽃은 8~9월에 피며 수상화서는 2~7개가 줄기의 끝에 모여 붙는다.
특성 : 일년생 밭 잡초이다. 종자로 번식한다. 종자를 많이 생산하는 다산성 식물. 농경지나 길가 등 다양한 생육지에서 왕성하게 자람. 종자는 바람, 동물의 발, 물, 야생동물과 가축이 종자를 먹거나 사람 등에 의해 전파된다. 광 발아성 종자로 빛이 종자의 발아를 촉진한다. 햇빛이 잘 드는 곳을 좋아한다. 벌레, 균류, 바이러스의 기주이다.

보통명 : 바랭이 / **과명** : 벼과 / **학명** : *Digitaria ciliaris*
발생지 : 논둑, 밭, 밭둑 / **분포** : 전국, 지리적으로 전 세계의 난대부터 열대까지 분포
형태 : 1년생 초본으로 꽃이 핀 줄기는 길이 20~80cm이며 아래쪽의 마디에서 뿌리가 생긴다. 꽃은 7~8월에 피며 화서는 3~8개의 총으로 되며 길이 5~15cm이다.
특성 : 아시아 또는 유럽 원산의 1년생 밭 잡초. 종자로 번식. 줄기의 기부는 지상을 기면서 마디마디에서 뿌리를 내려 번져 큰 그루를 형성. 성숙이 빠르고 분얼이 많이 일어나고 계속 이루어져 강해 잡초의 특성을 가지고 있다. 작물사이에서 바랭이는 직립형으로 생육하여 작물의 윗부분으로 신장.

보통명 : 강아지풀 / **과명** : 벼과 / **학명** : *Setaria viridis*
발생지 : 논, 논둑, 도랑, 수로, 습지 / **분포** : 전국, 세계의 온대지방에서 난대지방까지 널리 분포
형태 : 일년생 초본으로 높이 20~120cm이며 기부에서 가지를 치고 직립한다. 꽃은 8~9월에 핀다.
특성 : 원산지는 유럽 또는 유라시아이다. 범세계적인 여름철의 밭 강해 잡초이다. 종자로 번식한다. 종자를 다량으로 생산하는데 이삭 당 300~800립, 주당 5,000~12,000립의 종자가 형성된다. 종자의 수명은 흙 속에서 15년까지이며 물속에서는 1년 이상, 실온에서 건조 저장한 종자의 수명은 3년 이상이다. 종자는 비, 바람, 동물 그리고 사람 등에 의해 전파된다. 벌레, 균, 선충류의 기주 중의 하나이다.

보통명 : 명아주 / **과명** : 명아주과 / **학명** : *Chenopodium album* var. *centrorubrum*
발생지 : 밭, 밭둑 / **분포** : 전국, 중국원산으로 보리와 함께 이입된 잡초
형태 : 일년생 초본류로 높이 10~250cm까지 자란다. 꽃은 6~7월에 피고, 가지 끝이나 잎겨드랑이에서 생긴 수상화서가 모여 원추화서처럼 보인다.
특성 : 햇볕이 잘 드는 곳을 좋아한다. 종자로 번식되며 발아온도는 13~25℃이며, 20℃전후가 최적이다. 몇 종의 벌레와 균 및 바이러스의 기주가 된다.

② 2년생 잡초

보통명 : 달맞이꽃 / **과명** : 바늘꽃과 / **학명** : *Oenothera biennis*
발생지 : 밭, 밭둑 / **분포** : 전국, 지리적으로 북아메리카, 유럽, 아시아, 아프리카, 호주 등에 분포
형태 : 이년생 초본으로 높이 30~120cm로 자란다. 잎은 어긋나며 근생엽은 긴 잎자루가 있고 파상거치가 있다. 꽃은 6~9월 저녁에 피며 황색이다.
특성 : 북아메리카 원산의 밭 잡초로 개항 이후에 귀화한 식물이다. 종자로 번식하며 비, 바람, 새 등으로 종자가 전파된다. 여름에서 가을에 걸쳐 발생하여 로젯트형으로 월동한 후 다음 해 여름과 가을에 개화한다.

보통명 : 개망초 / **과명** : 국화과 / **학명** : *Erigeron annuus*
발생지 : 밭, 밭둑 / **분포** : 전국, 지리적으로 아메리카, 유럽, 아시아 등에 분포
형태 : 밭이나 들에서 자라는 이년생 초본이다. 꽃은 6~7월에 피고, 두상화는 2cm로 백색 때로는 자줏빛이 돌기도 한다.
특성 : 북아메리카 원산의 이년생 귀화식물이다. 종자로 번식하는데 번식력이 아주 강하다. 여름에서 가을에 걸쳐 발아하여 겨울을 나고 그 이듬해 여름과 가을에 개화한다. 밭, 밭 주변, 길가, 빈터, 황무지, 교반된 땅 등 도처에서 자란다.

보통명 : 망초 / **과명** : 국화과 / **학명** : *Conyza canadensis*
발생지 : 논둑, 밭, 밭둑 / **분포** : 전국, 지리적으로 북아메리카, 남아메리카, 유럽, 아시아 등에 분포
형태 : 이년생 초본으로 식물전체에 털이 있다. 줄기는 높이 50~150cm이며 많은 가지를 친다. 꽃은 7~9월에 피며, 지름 약 5mm이며 커다란 원추화서를 이룬다.
특성 : 북아메리카 원산의 1~2년생 초본으로 귀화식물이다. 종자로 번식하며, 드물게 나서 크게 자란 개체가 많은 양의 종자를 생산하여 바람에 날려 전파한다. 여름에서 가을에 걸쳐 발생하며 특히 가을에 많이 발생하는 망초는 로제트를 형성하여 월동하고 이듬해 여름과 가을철에 개화한다.

③ 다년생 잡초

보통명 : 서양민들레 / **과명** : 국화과 / **학명** : *Taraxacum officinale*
발생지 : 밭, 밭둑 / **분포** : 전국, 지리적으로 유럽, 북아메리카, 아시아 등 세계의 한대에서 열대에 널리 분포
형태 : 다년생 초본으로 잎은 근생엽이다. 꽃은 3~9월에 핀다.
특성 : 유럽 또는 유라시아 원산의 다년생 잡초이다. 귀화식물로 범세계적 잡초이다. 종자와 지하경으로 번식하며, 많은 종자를 생산한다.

보통명 : 괭이밥 / 과명 : 괭이밥과 / 학명 : *Oxalis corniculate*

발생지 : 밭, 밭둑 **/ 분포 :** 전국, 지리적으로 일본, 만주, 아시아, 유럽, 아프리카, 호주, 북아메리카에 분포

형태 : 다년생 초본으로 줄기는 기부에서 많이 갈라지고 땅위를 기며 가지가 나와 곧게 자란다. 꽃은 봄부터 가을까지 계속 핀다.

특성 : 미국과 유럽 원산의 생육이 왕성한 잡초이다. 종자와 근경으로 번식하는데 주로 종자로 번식된다. 종자의 전파는 비, 바람, 동물, 사람과 식물자체에 의해 전파된다. 많은 종류의 벌레, 균, 선충류, 무청 위축병을 일으키는 바이러스의 기주가 된다.

보통명 : 쇠뜨기 / 과명 : 속새과 / 학명 : *Equisetum arvense*

발생지 : 밭, 밭둑 **/ 분포 :** 전국, 지리적으로 북반구의 난대지방 이북에 널리 분포

형태 : 다년생 초본으로 자하경이 길게 뻗는다. 이른 봄에 생식경이 나와 끝에 뱀 대가리와 같은 포자낭수가 달린다. 영양경은 뒤늦게 나와 직립하며 높이 30~40cm로 속이 비어 있고 표면에 능선이 있고 마디에 잎이 윤생한다.

특성 : 유라시아 원산의 다년생 밭 잡초이다. 영양경은 가을에 고사하는 1년생이다. 밭, 밭 주변, 논둑, 길가, 철도 주변, 황무지, 대지, 수원지, 제방, 들, 고속도로의 법면, 목초지, 둑, 숲 가, 버려진 땅, 다습한 교반지 등에 생육 한다. 생육 초기부터 근경의 형성을 시작해서 생육 중기 이후에는 근경에의 건물 배분율이 높아지므로 근경이나 괴경이 형성되는 생육초기에 지상부를 예취하거나 제초제로 방제할 필요가 있다.

보통명 : 돼지풀 / 과명 : 국화과 / 학명 : *Ambrosia artemisiifolia*

발생지 : 밭, 밭둑 **/ 분포 :** 전국, 북아메리카 원산으로 유럽, 아시아 등에 널리 귀화되었다.

형태 : 일년생 초본으로 높이 30~180cm까지 자라며 연한 털이 있다. 꽃은 8~9월에 피며 자웅동주이다.

특성 : 일년생 밭 잡초이다. 종자로 번식한다. 꽃가루가 알레르기의 원인이 되기도 하고 문제성 잡초로 취급하고 있다. 물, 새, 동물, 사람에 의해 전파된다. 종자는 부리모양의 가시 돌기가 있어 동물이나 사람에 붙어 멀리 전파된다. 벌레, 균, 바이러스, 새삼 등의 기주이다.

보통명 : 단풍잎돼지풀 / **과명** : 국화과 / **학명** : *Ambrosia trifida*
발생지 : 밭, 밭둑 / **분포** : 중부지방, 지리적으로 유럽, 만주, 일본 등에 분포
형태 : 높이 3m까지 자라는 일년생 초본이다. 꽃은 7~9월에 핀다.
특성 : 북아메리카 원산의 귀화식물로 일년생 밭 잡초이다. 종자로 번식하며, 봄에 발생해서 여름과 가을에 걸쳐 개화하고 결실한다. 밭, 밭 주변, 길가, 초지, 하천부지 등 여러 곳에서 군생한다. 지하경이 벋으며 비옥하고 습윤한 곳을 좋아한다.

보통명 : 칡 / **과명** : 콩과 / **학명** : *Pueraria lobate*
발생지 : 밭, 밭둑 / **분포** : 전국, 지리적으로 일본, 만주, 중국에 분포하며 북아메리카에 귀화 되었다.
형태 : 산과 들에 많은 대형의 만경성 다년생초본이다. 뿌리는 길고 크며 녹말을 저장한다. 꽃은 7~9월에 홍자색으로 핀다.
특성 : 동남아시아 원산의 잡초이다. 종자와 근경, 삽목으로 번식한다. 종자는 동물과 사람에 의해 전파된다. 종자는 경실이어서 산 또는 기계적으로 비비고 문질러 상처를 입히면 발아율이 높아진다. 토양 침식방지, 가축의 사료 등으로 사용되기도 한다.

보통명 : 달뿌리풀 / **과명** : 벼과 / **학명** : *Phragmites japonica*
발생지 : 논둑, 수로 / **분포** : 전국, 지리적으로 일본, 만주, 우수리, 몽골에 분포
형태 : 대형 다년생 초본으로 지상에 길이 3~4m의 긴 포복지가 있다. 원줄기의 아래쪽 마디와 포복지의 마디에 백색 긴 털이 밀생한다. 원줄기는 높이 200cm로 갈대보다 작다. 꽃은 8~9월에 피며 개방 원추화서이다.
특성 : 다년생 논 잡초이다. 냇가나 물가, 강 언덕의 모래땅에 군락을 이루며 생육한다. 근경은 지표를 기며 뻗어나며 자란다. 근경은 마디마디마다 분지하고 수엽뿌리를 내려 번식한다. 근경의 번식력은 왕성하다.

보통명 : 토끼풀 / **과명** : 콩과 / **학명** : *Trifolium repens*
발생지 : 밭, 밭둑 / **분포** : 전국의 잔디밭이나 하천 둔치 등 일조 조건이 좋은 개활지에 자라며 세계각지에 분포
형태 : 줄기가 땅 표면을 기고, 가지를 치고, 마디에서 뿌리가 내리는 다년생 초본이다. 잎은 어긋나며 긴 잎자루가 있다. 꽃은 5~10월에 피며 백색 또는 담홍색의 두상화서이다.
특성 : 유라시아 원산의 귀화식물로 포복경으로 번식한다. 종자의 전파는 비, 바람, 동물, 사람, 식물 자체 등에 의한다. 가축이 먹어도 종자는 살아있어 전파된다. 가을과 봄에 발생하여 봄에서 가을에 걸쳐 개화한다.

보통명 : 엉겅퀴 / **과명** : 국화과 / **학명** : *Cirsium japonicum* var. *maakii*
발생지 : 밭, 밭둑, 논둑 / **분포** : 전국, 지리적으로 일본, 만주, 중국, 우수리 등에 분포
형태 : 높이 50~100cm로 자라는 다년생 초본이다. 꽃은 5~8월에 피며, 두화는 가지 끝에 직립해서 달린다.
특성 : 들에 나는 다년생 밭 잡초이다. 종자와 근경으로 번식한다. 논둑, 밭, 밭 주변, 길가, 초지 등에서 생육한다. 5~8월에 개화하고 9월에 결실한다.

보통명 : 쑥 / **과명** : 국화과 / **학명** : *Artemisia priceps*
발생지 : 밭, 밭둑 / **분포** : 전국, 일본에 분포
형태 : 산과 들에 많이 자라는 다년생 초본이다. 꽃은 9~10월에 피며 두화가 다수모여 원추화서를 이룬다.
특성 : 봄에 발생해서 여름부터 가을까지 개화하는 다년생 밭 잡초이다. 종자와 지하경으로 번식하는데 지하경에 의한 번식이 왕성하다. 밭, 밭 주변, 뽕밭, 과수원, 길가, 들 등 도처에서 생육한다. 벌레, 균, 바이러스의 기주가 된다.

- **보통명** : 미국자리공 / **과명** : 마디풀과 / **학명** : *Phytolacca americana*
- **발생지** : 밭, 밭둑, 공한지 / **분포** : 북아메리카 원산으로 국내에서는 중, 남부, 제주도 각지에 귀화되었다. 지리적으로 아메리카, 유럽, 아시아 등 널리 분포 한다.
- **형태** : 다년생 초본으로 줄기는 곧게 서며 높이 1~3m로 털이 없고 초록색에서 적자색으로 물이 들며, 많은 가지를 친다. 꽃은 6~9월에 총상화서로 핀다.
- **특성** : 악취가 강하게 나는 대형의 다년생 초본이다. 뿌리와 열매는 유독성으로 생즙이 피부에 닿으면 수포가 생기나 큰 통증은 없다. 종자로 번식하며 때로 분근으로 번식한다. 주로 그늘진 주택지 주변, 다습한 임지의 빈터, 정원, 담장, 공한지, 비옥한 목초지, 퇴비나 화학비료를 많이 사용한 터 등에서 생육한다.

- **보통명** : 미국쑥부쟁이 / **과명** : 국화과 / **학명** : *Aster pilosus*
- **발생지** : 밭, 밭둑 / **분포** : 전국, 북아메리카 원산
- **형태** : 높이 30~100cm까지 자라는 다년생 초본이다. 꽃은 9~10월에 피고 다수의 두화가 달린다.
- **특성** : 다년생 밭 잡초로 귀화식물이다. 종자로 번식한다. 1980년대 경기도 포천을 중심으로 발생하여 전국에서 생육한다. 건조한 사질 토양의 열린 빈터에서 잘 생육한다.

- **보통명** : 서양등골나물 / **과명** : 국화과 / **학명** : *Eupatorium rugosum*
- **발생지** : 밭, 밭둑 / **분포** : 북아메리카 원산으로 서울권을 중심으로 분포
- **형태** : 다년생 초본으로 30~130cm까지 자란다. 꽃은 8~10월에 피며, 두화는 백색이다.
- **특성** : 다년생 밭 잡초이다. 6.25 이후에 들어온 귀화식물로 밭, 밭 주변, 길가 등에 나며 숲가에서 흔히 생육한다. 종자와 근경으로 번식한다. 북미대륙의 초기 개척자들에게 우유병을 일으키게 한 원인식물로 알려져 있다.

보통명 : 지칭개 / **과명** : 국화과 / **학명** : *Hemistepta lyrate*
발생지 : 논, 논둑, 밭, 밭둑 / **분포** : 전국, 지리적으로 일본, 중국, 인도, 호주 등에 분포
형태 : 높이 60~80cm까지 자라는 월년 생 초본이다. 꽃은 5~7월에 피며 화관은 자주 빛이다.
특성 : 동아시아 원산의 월년 생 논, 밭 잡초이다. 종자로 번식하며, 가을에 발생해서 로젯트상으로 월동하고 다음해 봄과 초여름에 개화 한다. 종자는 주로 바람에 의해 전파된다.

보통명 : 포아풀 / **과명** : 벼과 / **학명** : *Poa sphondylodes*
발생지 : 밭, 밭둑 / **분포** : 거의 전국, 일본, 대만, 중국, 만주, 동 시베리아 등에 분포
형태 : 다년생 초본으로 원줄기는 다수 모여서 나며 직립하고 높이 40~70cm이다. 잎은 분백색을 띤 녹색으로 잎새의 기부에서 아래로 젖혀져 늘어지는 것이 많다. 꽃은 4~6월에 피며 화서는 직립한다.
특성 : 다년생 초본 또는 월 년생 밭 잡초이다. 종자와 근경으로 번식한다. 줄기는 총생하여 큰 그루를 형성하고 월동 후에도 고사하지 않는다. 양지쪽의 밭, 밭 주변, 초지, 과원, 길가, 냇가, 둑, 황무지, 산기슭, 들, 구릉지 등에 생육한다. 내건성과 내한성이 있으며 생활력이 매우 왕성하다.

보통명 : 돌콩 / **과명** : 콩과 / **학명** : *Glycine soja*
발생지 : 밭, 밭둑 / **분포** : 전국, 지리적으로 일본, 중국 등에 분포 한다.
형태 : 일년생 덩굴성 초본류이다. 줄기는 2m정도로 아래를 향한 갈색 털이 있다. 꽃은 7~8월에 연한 자주색으로 핀다.
특성 : 종자로 번식한다. 밭 특히 산간지의 밭, 밭 주변, 과수원, 수원지, 초지, 도랑가, 냇가, 제방, 길가, 황무지, 숲가, 들 등에서 생육한다. 햇빛이 잘 드는 비옥한 충적토양에서 생육이 왕성하다.

보통명 : 살갈퀴 / 과명 : 콩과 / 학명 : *Vicia angustifolia* var. *segetilis*
발생지 : 밭, 밭둑, 논둑 / 분포 : 전국, 지리적으로 유럽, 아시아, 북아프리카, 호주, 남, 북아메리카 등에 분포
형태 : 이년생 초본이다. 줄기는 기부에서 많이 갈라지고 길이 60~150cm로 덩굴손이 다른 물체를 감으며 곧게 자란다. 꽃은 5월에 홍자색으로 핀다.
특성 : 유럽, 서아시아 원산이다. 종자로 번식하는데 번식력이 매우 강하다. 종자의 전파는 비, 바람, 동물, 사람, 식물 자체에 의한다. 가을에 발생해서 봄에서 여름에 걸쳐 개화하고, 따뜻하고 햇빛이 잘 드는 비옥한 곳을 좋아한다. 밭, 밭 주변, 논둑, 목초지, 수원지, 들판, 길가, 황무지, 물가에 가까운 곳에서 생육한다.

보통명 : 새팥 / 과명 : 콩과 / 학명 : *Vigna angularis* var. *nipponensis*
발생지 : 밭, 밭둑 / 분포 : 전국의 야지, 지리적으로 일본, 중국 등에 분포
형태 : 덩굴성 일년생 초본으로 줄기에 퍼진 털이 있다. 꽃은 8월에 피며 연한 황색이다.
특성 : 원산지는 인도라고 알려져 있다. 겨울 동안을 제외하고 연중 내내 발생하는데 종자로 번식한다. 동물과 사람에 의해 전파된다. 밭, 밭 주변, 목초지, 황무지, 들 등에서 생육한다. 햇빛이 잘 드는 비옥한 땅을 좋아한다. 줄기는 가늘고 길며 주변의 다른 식물체나 물체를 감고 올라가 번무하여 잡초해가 발생한다.

보통명 : 새콩 / 과명 : 콩과 / 학명 : *Amphicarpaea bracteata* subsp. *edgeworthii*
발생지 : 밭, 밭둑 / 분포 : 전국, 지리적으로 일본, 중국, 만주, 우수리 지방에 분포
형태 : 들에서 자라는 일년생 덩굴성 초본이다. 줄기는 다른 식물체를 감고 자란다. 꽃은 8~9월에 피며 자주빛이 돈다.
특성 : 밭 주변, 수원지, 강둑, 길가, 황무지, 숲가, 나무그늘, 들판 등에서 생육한다. 종자로 번식한다.

8장
정원의 유지 관리

1) 정원 관리

정원을 관리한다고 하는 것은 식물의 건전한 발육을 돕기 위한 것과 미관을 더욱 조장시키기 위해 관리한다. 정원의 관리 작업은 크게 가지다듬기와 거름주기, 병충해의 방제, 잔디밭과 화단의 보호관리 등의 작업을 한다.

① 가지 다듬기

가지 다듬기의 목적은 불필요한 가지를 제거하여 조형미를 높이고 수목 전체에 햇빛을 고르게 받도록 하는 데 있다. 가지 사이로 통풍을 원활히 하여 풍해와 설해에 저항력을 높이고 병해충의 서식처를 제거한다. 가지 다듬기의 방법은 도장지나 허약한 가지, 이병지, 곁가지, 근주부분의 움 등을 제거하여 영양분의 손실을 막아 건전한 가지의 생장을 촉진시킨다. 한정된 공간에 필요이상으로 가지가 자라지 않도록 주지나 주간을 다듬어 주어 생장을 억제 시킨다. 잔가지의 발생을 촉진시켜 차폐, 방풍, 방진, 방음, 녹음 등의 효과를 증대 시킨다. 이와 같이 가지를 다듬는 종류는 조정하는 목적에 따라 생장조정을 위한 가지다듬기로 수광 통풍을 좋게 하여 병지나 약지를 제거하는 전정을 말한다. 생장을 억제하는 가지 다듬기는 가로수나 집안의 교목은 1년에 너무 많이 자라기 때문에 강전정을 하여 생장을 억제시켜 크기를 줄여 주어야 한다. 세력을 갱신하는 가지 다듬기는 가지가 너무 노화 되었을 때 강전정하여 새가지를 발생시켜 생장을 좋게 하는 경우에 한다. 착화를 촉진시키기 위한 가지 다듬기는 단과지 발생을 많게 하든가 꽃눈 발생을 좋게 하는 방법으로 과수에서 많이 쓴다. 생리조정을 위한 가지 다듬기는 이식 시 뿌리 량과 균형을 맞추기 위해 지상부를 잘라주는 방법이다.

모양 만드는 방법에 따라 자연수형과 정형수형으로 나누는데, 분재수형처럼 자연을 묘사하는 수형들을 자연수형이라 하고, 토피아리처럼 기하학적 사실 및 비사실의 형을 만드는 것을 정형수형이라 한다.

자연수형

정형수형

② 가지 다듬기의 시기

낙엽수는 자연온도가 10℃가 될 때 가지 다듬기를 하는 것이 좋으며, 월별로는 10~11월, 2월 말부터 3월 중순이 적기이다. 상록수는 연중 가지다듬기를 해주어도 좋으나 소나무는 4월 말부터 5월 초순에 새로 자란 순을 잘라주는 것이 좋다.

소나무의 순따기 요령

순따기 전

순따기 후

순따기 후 4개월

꽃이나 열매를 관상하는 목본류를 가지 다듬기 하려면 개화결실 습성을 잘 파악한 후 가지다듬기를 실시하여야 한다. 개화·결실 습성을 크게 구분하면 다음과 같이 구분할 수 있다.

2년생 가지에서 개화하는 형으로 전년 여름이나 가을에 꽃눈이 분화하여 초겨울에 휴면타파가 완료되고 그 후 날씨가 추워 강제휴면 하고 있다가 봄에 개화하는 형으로 개화기가 빠르고 꽃이 진후에 잎이 나오고 신초가 생장하기 시작하여 여름에 생장을 멈추고 꽃눈을 만드는 형이다. 전정은 개화 후에 한다. 대체로 7~8월경에 꽃눈 분화가 이루어지기 때문에 늦어도 6월 상순까지는 끝내야 한다. 철쭉류, 개나리, 산수유, 생강나무, 앵두나무, 옥매화, 꽃사과나무, 댕강나무 등이 이형에 속한다.

신초지 개화 형으로 금년 봄에 새싹이 나와 꽃눈 분화 후 꽃이 피는 형으로 가장 늦게 개화한다. 내한성이 약한 아열대성으로 사계성이 많다. 개화기간이 가장 길다. 무궁화, 배롱나무, 능소화, 장미, 협죽도 등으로 전정은 겨울전정은 피하고 이른 봄이나 늦가을에 한다.

3년생 가지에서 개화 결실하는 화목류로 명자나무, 배나무 등이 있으며 개화하는 3년생 가지를 전정하여 준다.

③ 다듬어야 하는 가지

나무의 수형과 관계없이 다음과 같은 가지는 모두 잘라주어야 한다.

① 말라죽은 가지나 허약지는 잘라낸다.
② 병충해를 입는 가지는 제거한다.
③ 도장한 가지는 잘라준다.
④ 밑에서 움돋는 가지나 줄기에 돋는 가지는 잘라준다.
⑤ 아래를 향한 가지와 안으로 향한 가지는 잘라준다.
⑥ 얽힌 가지와 교차한 가지, 길게 자란 가지는 잘라준다.
⑦ 수관 내부는 환하게 속아주고 수관외부는 잘 다듬는다.
⑧ 기타 부실한 가지를 정리한다.

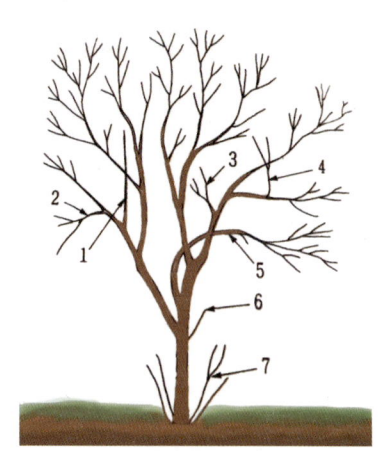
다듬어야 하는 가지

빈 공간을 메우기 위해 빈 쪽의 눈을 두고 자른다. 또한 수세를 크게 하는 목적이면 밖으로 나있는 눈 위에서 잘라주고, 안쪽의 빈 공간을 채우고자 하면 안쪽으로 나있는 눈 위에서 잘라준다. 가지에 부착된 눈의 방향을 보아 눈이 밖을 향한 눈의 0.6mm 위에서 자른다. 너무 바짝 자르면 눈이 말라 버리기 쉽다.

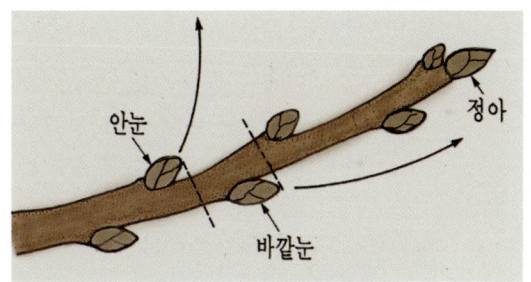

눈의 위치와 자라는 방향

큰가지는 톱으로 절단한다. 무거운 가지는 바짝 자르기 전에 20~30cm남기고 밑에서 위로 1/3쯤 톱질하여 금을 내고, 위에서 밑으로 잘라 무게를 감량시킨 다음 바싹 붙여 자른다. 그냥 자르면 수피가 찢어져서 줄기가 상하게 된다. 낙엽수는 새싹이 나오기 전까지 끝내고, 수액 이동이 빠른 단풍, 층층나무는 좀더 빨리한다.

원하는 조형을 위해서는 종이나 횡으로 원형 또는 타원형으로 만들어 후에 원하는 수형을 만든다. 경우에 따라서는 원하는 수형을 바로 만들기도 하거나, 프레임을 만들어 씌워서 잘라준다.

생울타리는 피라미드형으로 밑을 넓게 하고 위를 좁게 자른다. 그렇지 않으면 정아우세 현상으로 밑의 가지가 구멍이 난 것처럼 성글게 되어 모양이 나쁘게 된다.

④ 가지 다듬기용 연장

가지 다듬기용 연장은 가위(전지가위, 양손가위 등), 톱(톱, 고지톱, 전지톱 등), 사다리 등이 필요하다.

전지가위

톱

전동톱

⑤ 보호와 관리

나무의 보호와 관리는 대단히 중요한 작업으로써 나무에 해를 끼치는 바람의 피해, 인위적인 피해 및 병충해의 피해를 막아주기 위한 작업 등을 가리킨다.

- **바람의 피해**

바람에 의한 피해는 그렇게 심한 것은 아니지만 갓 심어 놓은 나무는 바람에 흔들려 뿌리의 고정이 어려워질 때가 많고 때로는 쓰러지는 경우도 있으므로 이에 대한 대비를 해 둘 필요가 있다. 큰 가지치기와 받침대를 설치하여 바람에 대비하거나 방풍망을 설치해서 바람의 피해를 막아주는 것이 필요하다.

받침대 설치

- **추위로 인한 피해**

겨울철에 기온이 심하게 떨어지는 지역에서는 추위로 인한 피해를 입는 나무가 많이 발생할 수가 있다. 남부지방에서 자생하는 수종을 중부지방에 식재 하였을 경우 겨울철에 추위를 막아주기 위한 조치가 필요하다. 겨울철 추위의 피해를 막아주는 방법으로는 짚싸기와 낙엽깔기, 기타 지면 피복과 바람을 막아주는 등의 조치를 해주어야 한다.

짚싸기

지면피복   바람막아주기   보온

- **건조로 인한 피해**

건조로 인한 피해는 지형과 토질에 따라 그 정도가 다를 뿐만 아니라, 계절에 따라서도 달라지게 된다. 건조로 인한 피해로부터 나무를 보호하는 방법으로는 충분한 두엄을 흙속에 넣어주거나, 나무 주위의 표면에 짚이나 거적을 깔아 준다. 작은 나무인 경우에는 햇빛을 가려주거나 수피가 얇은 나무일 때에는 수피가 타는 것을 방지하기 위하여 줄기 싸기를 해준다. 직접적인 건조피해를 줄이는 방법은 관수를 해주는 것이 가장 직접적이고 좋은 방법이다.

2) 거름주기와 병충해 방제

① 거름의 종류

나무가 자라기 위해서는 여러 가지 양분이 필요하다. 그 중에서도 특히 질소, 인산, 칼륨의 세 가지 양분은 다른 양분에 비해 대량으로 필요하므로 이것을 거름의 3대 요소라 한다. 거름 주기라고 하면 이 세 가지 양분을 주는 것을 말한다. 거름은 그 종류에 따라 각각 성질이 다르므로 거름을 줄 때 지효성의 유기질 거름은 밑거름으로 주고, 황산암모늄과 같은 속효성 거름은 덧거름으로 주는 등 종류에 따라 적절히 갈라 쓰도록 해야 한다.

요소비료

복합비료

유기질비료

종류	흔히 쓰는 거름	성질
질소질 비료	황산암모늄	질소함유량 21%, 속효성 비료로서 석회질소나 나뭇재와 섞어 주지 말 것. 흙이 계속 산성으로 기울어짐
	요소	질소 함유량 45%, 속효성 비료로 습기를 흡수하기 쉬운 성질을 가졌음
인산질 비료	과인산석회	인산 함유량 12~20%, 물에 잘 녹으며 질소 비료나 석회와 섞어 주지 말것
	중과인산석회	인산 함유량 30%, 물에 잘 녹으며 질소 거름이나 석회와 섞어 주지 말것
칼리질 비료	황산칼륨	칼륨 함량 48~50%
석회질 비료	생석회	유효 석회 80%이상, 산성토양의 중화에 효과가 큼
마그네슘 비료	마그네슘석회	마그네슘 함량 20%, 산성 토양에 효과가 큼
유기질 비료	깻묵	질소, 인산, 칼륨을 고루 함유하며, 지효성 거름
	두엄	토양을 개량하는데 효과가 큼, 산성토양에서는 인산의 효과를 크게 높여줌
복합비료	배합거름	질소, 인산, 칼륨의 어느 두 가지 이상을 여러 가시 비율로 섞은 것

흔히 쓰이는 거름의 종류

② **병충해 방제**

가지 치기나 가지 다듬기와 같은 관리 작업을 하면서 병이나 벌레에 의한 피해 유무를 살피는 습관을 가지고 있으면 병충해의 피해를 줄이거나 예방할 수 있다. 병이나 벌레에는 많은 종류가 있어서 어느 특수한 식물에만 피해를 주는 것이 있는가 하면, 여러 가지 식물에 공통으로 피해를 주는 것도 있다. 따라서 식물의 종류마다 발생하는 병충의 종류와 성질, 발생하는 시기, 피해를 주는 자리 등을 잘 알아서 적절한 방제를 해주어야 한다.

- **병의 재배적 방제**

ⅰ) 전염원의 제거

　병든 식물의 잎, 줄기, 가지 등을 모아서 태우거나, 병든 식물을 발견 즉시 없앤다. 각종 바이러스의 보모

　식물을 정원 주변에서 제거한다.

ⅱ) 종자, 알뿌리, 뿌리줄기, 묘목 등은 반드시 병이 없는 것과 상처가 없는 것을 골라서 식재한다.

ⅲ) 식물을 잘 관리하여 튼튼하게 기른다.

ⅳ) 토양은 사질 양토가 좋으며 너무 마르거나 습하지 않게 관리한다.

- **살균제에 의한 식물 병의 방제**

살균제는 종류가 많을 뿐만 아니라 물리 화학적 및 생물학적 특성이 다양하여 병원체와 식물체에 대한 반응이 복잡하게 나타난다. 따라서 많은 종류의 병원체와 작물을 대상으로 살균제를 사용할 때 그 작용 기구를 정확히 알고 쓰는 것이 바람직하다.

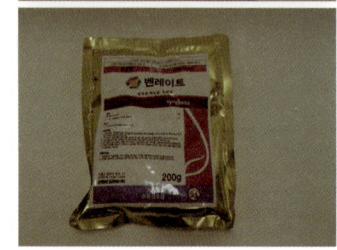

살균제

- **해충의 재배적 방제**

ⅰ) 저항성 품종을 재배한다.

ⅱ) 기피식물 또는 장벽식물을 재배한다.

ⅲ) 흙을 깊이 갈아 엎거나 이식시기와 수확시기 등을 변경한다.

ⅳ) 화목류의 경우 죽은 나무와 가지 등을 모아 태운다.

ⅴ) 정원에 있는 피해식물의 찌꺼기를 제거하여 태운다.

ⅵ) 식물의 생육을 왕성하게 한다.

- **살충제에 의한 해충의 방제**

독성이 낮고 살충효과가 뚜렷하며 처리하기 쉽고 값이 싸며 손쉽게 구할 수 있는 약제를 선정하는 것이 바람직하다. 살충제를 사용할 때에는 살충제의 여러 가지 성질이나 사용법에 관한 충분한 지식은 물론 해충의 형태, 경과습성, 약제에 대한 저항성, 기주의 종류, 생육상태 등에 관해서도 잘 알아야 한다.

살충제

가정원예용 살균·살충제

3) 잔디밭의 관리

정원과 잔디밭, 화단을 아름다운 상태로 유지하기 위해서는 항상 잡초제거, 병충해 방제, 관수 등 세밀한 보호 관리를 해주어야 한다.

① 잔디 깎기 작업

잔디 깎기 작업은 잔디밭 관리에서 가장 중요한 작업의 하나이다. 충분한 거름과 물을 주어 잘 자라게 하면서 깎기 작업을 자주 되풀이 하여 주어야 한다.

정기적으로 깎기 작업을 반복해서 함으로써 잡초의 발생을 막을 수 있고 편평한 잔디밭을 만들 수 있다. 또한 잔디의 포기 갈라짐을 촉진 시켜 잔디밭의 밀도를 높일 수 있는 효과를 얻을 수 있다. 깎기 작업을 게을리 하면 키가 지나치게 커져 보기 흉할 뿐만 아니라 깎기가 어려워지므로, 양잔디의 경우 10일에 한 번 정도 깎기 작업을 해주는 것이 바람직하다. 깎는 높이는 15~20cm가 알맞다.

잔디 깎기   예초기

② **뗏밥 넣기**

뗏밥이란 노출되는 땅속줄기를 덮어 주기 위하여 잔디밭 표면에 고르게 뿌려주는 흙을 말한다. 잔디는 자람에 따라 땅속줄기가 땅 위로 노출되게 된다. 이것을 그대로 두면 점차적으로 표면이 고르지 못하게 되고, 자라는 모양이 불량해지고 죽는 곳이 생기게 된다. 이러한 현상을 막아주고 아름다운 잔디밭을 오래도록 유지하기 위해 1년에 한 번씩 뗏밥을 넣어 주어야 한다.

③ **물주기**

우리나라는 연간 강수량이 많은 편이나 계절적인 변동이 심해 가뭄 타는 일이 많다. 여름철에는 높은 온도로 인하여 심하게 마르는 경우가 많아 관수에 특별히 신경을 써야 한다. 이때에는 물주기를 자주하여 건조 피해를 입지 않도록 해 주어야 한다. 물주는 시간은 여름철에 한낮에 물을 주면 잔디 생장에 피해를 줄 수 있으므로 온도가 낮은 아침, 저녁에 주는 것이 좋다.

물주기

④ **거름주기**

일반적으로 잔디는 잔디 깎기를 자주 해주기 때문에 잎이 잘려나가 양분의 손실이 많게 된다. 특히 질소, 인산, 칼륨의 손실이 크므로 이러한 성분을 함유한 비료를 일 년에 두 번 이상 주어야 한다. 거름은 일반적으로 속효성의 화학 비료가 주로 쓰인다. 비료를 줄때에는 직접 잔디밭 표면에 고루 뿌린 다음 물을 뿌려 흙속으로 스며들게 하거나 또는 뗏밥에 섞어 뿌려 준다.

⑤ **잡초제거**

잔디밭에는 많은 잡초가 발생한다. 잔디밭에 발생하는 잡초는 잡초의 자라는 습성을 잘 파악하고 알맞은 방법으로 잡초를 제거해 주어야 한다. 정기적으로 하는 잔디 깎기 작업도 잡초가 우거지는 것을 방지하는 효과가 있으나 일반적으로는 손으로 뽑아주는 것이 필요하다. 그러나 이것은 많은 노력을 필요로하므로 최근에는 여러 가지 제초제가 개발되어 편리하게 잡초제거를 하기도 한다. 제초제는 특성에 따라 선택성 제초제, 비선택성 제초제, 접촉형 제초제, 이행형 제초제, 호르몬형 제초제, 비호르몬형 제초제 등으로 분류할 수 있다. 이 중에서 비선택성 제초제는 잔디밭에 사용할 수가 없다. 잡초의 종류, 잔디밭의 환경 등 여건에 따라 알맞은 제초제를 선택해서 잡초를 제거해 주어야 한다.

9장
정원의 개념과 양식

1) 정원의 개념

정원이란 담장 또는 울타리로 둘러싸여 있어 그 자체가 미적 통일체로써 이용과 감상을 위해 가꾸고 다듬어 놓은 것이다. 정원에는 주제가 있다. 그것을 조성한 사람의 취향이나 거주하는 사람의 성격에 따라서 심미적인 장소일 수도 있고, 꽃이 만발한 모습을 보이기도 하며, 건물의 용도와 관련되어 어떤 기능을 담은 외부 생활공간의 역할을 하기도 한다. 특히 오늘날 도시에 사는 사람들에게는 자연을 대상으로 한 휴식의 기능이 크게 강조되고 있다.

좋은 정원은 정원을 가꾸는 사람의 품성과 인품을 향상시키고 나아가 인격도야에 좋은 대상이 된다. 아름다운 수목, 화단, 연못 등은 미적 감상뿐만 아니라 정신적인 상징으로도 승화될 수 있다.

① 정원의 양식

정원의 역사는 고대 문명의 발상과 더불어 이집트나 메소포타미아에서 싹터 나왔다. 이집트의 딜·엘 바하리 신전의 정원, 메소포타미아의 공중정원이 고대에 있었고, 고대 문명의 요람인 그리스에서는 계획적인 공간계획이 이루어 졌다.

근대에 이르러 오늘날까지의 정원양식은 다양한 수법으로 급속한 발전을 하고 있으며, 기능주의와 실용주의 형태로 변모해 가고 있다. 과거의 정원은 보이기 위한 정원이었으나 근대에 이르러서는 휴식과 안식처로 이용되고 있다. 도심지내의 대규모 공원조성이나 도시 내 녹지대 조성, 운동경기장 등 새로운 환경조성의 수법을 탄생시키게 되었다.

· **자연풍경식**

자연의 숲이나 경관을 있는 그대로 중시하고 자연 생태적으로 관리하는 양식이다. 자연풍경의 지형, 지물을 그대로 이용하여 만들어진 것으로, 자연풍경에 순응하여 만들어져 낭만적이고 공상적이며 감상적 철학이 담긴 풍미를 즐길 수 있다. 수목의 배식도 정원 안에 자연 그대로의 숲의 생김새를 재생시키고자 하는 수법으로 배식하는 것이 필요하다. 자연배식은 자연경관을 닮도록 자연스럽게 나무를 심어야 하기 때문에 기회 있을 때마다 자연림이 생태를 눈여겨보아 두었다가 이것을 실제 배식에 활용하도록 하는 마음가짐이 중요하다.

자연풍경식 정원은 중국 등의 동양정원과 영국의 풍경식 정원, 독일의 풍경식 정원양식 등이 여기에 속한다.

자연풍경식

- **정형식, 건축식, 기하학식**

설계상 직선을 많이 사용하고, 주로 대칭을 이용하는 기법으로, 개방적이고 수치적이며 직선과 규칙적인 곡선·원 또는 대칭이 되는 기하학적 타원·각 등을 이용하여 기하학식 도안으로 만들어지는 양식을 말한다. 조형적인 선과 구조물들이 많고 잔디와 자연스러운 수목, 점경물, 분수, 일년초화 등을 주로 이용하였다. 색채미에 있어서는 강한 색채의 대비를 가진 즉흥적이고 직선적인 감상의 효과를 가진 방법으로 표현하였다. 고대 이집트나 메소포타미아의 정원들과 프랑스의 평면기하학식 정원, 이탈리아의 노단건축식 정원 등이 여기에 속한다.

평면기하학식

- **절충식, 혼합식**

근세에는 자연풍경식과 정형식을 적절히 조합한 절충식이 실생활의 구조와 융합되어 실생활에 편리하도록 절충된 절충식이 많이 이용되고 있다. 나무가 많이 심어진 지역은 자연풍경식으로 조성하고 편익시설은 정형식으로 설계하는 양식으로 미국을 중심으로 발달하고 있다.

절충식

2) 각국의 정원양식 발달과 형식

① 동양 정원

동양정원은 중국의 은나라로부터 시작하여 한국과 일본으로 전파되어 각각 독특한 양식으로 발달하였다고 볼 수 있다. 자연을 중요시하여 산을 쌓고 연못을 파고 나무를 식재하여 숲을 조성한 후 정자나 누각을 설치하여 관망이나 연회의 장소로 이용한 자연풍경식이 주류를 이루고 있다.

· **중국의 정원**

자연풍경식정원의 종가로 사의주의에 입각한 풍경식이 주류를 이루고 있다. 규모가 매우 크며, 자연과 인공축조물이 큰 대조를 이루고 전체적으로 매우 평온하고 안정적 분위기를 연출한다. 당나라 때 발달하기 시작한 임천형이 대표적인 양식으로 한국과 일본에 많은 영향을 미쳤다.

거대한 축경식 정원양식으로 서호와 만리장성이 대표적인 정원이다. 중국정원의 기원이 될만한 한무제가 만든 상림원이 유명한 동시에 규모상으로 대단했다고 한다. 현존하는 자연식정원의 대표로는 북경의 중앙공원을 들 수 있다. 문화예술의 전성기가 당시대였기에 정원의 전성기도 이 시대였으며 가장 호화스러운 것이었음이 분명하다. 인공을 많이 가미한 중국의 정원양식은 조화보다는 대비를 중요시하고 변화에 그 특징이 있다. 곤명호의 만수산은 많은 궁전과 호반의 성들이 대장관을 이룬다. 이러한 양식은 한국과 일본에 많은 영향을 미쳤다.

만리장성   서호   자금성

· **한국의 정원**

우리나라는 반도국가로 삼면이 바다로 둘러싸여 있고, 사계절이 뚜렷한 온대지대의 기후 조건을 가지고 있는 나라이다. 불교와 유교의 영향으로 신선설, 음양오행설, 풍수지리설이 발달 하였으며 빈번한 외세침략으로 평화시대가 지속되지 않아 정원문화가 발달하지 못한 이유이기도 하다.

한국의 정원양식은 삼국시대를 시작으로 볼 수 있다. 통일신라시대에 신선사상에 의한 무산 12봉을 상징케 하고 임해전이란 전각을 지었는데 이 연못은 오늘날 안압지라 일컬어지는 연못으로 전해오고 있다. 고려시대부터 축대를 이용한 노단식이 발달하였다. 조선시대에 들어와서 우리나라 고유의 정원양식의 꽃을 피워

발전했다. 풍수지리설에 의한 배산임수에 의하여 정원이나 집터를 선정하였고 자연신 숭배사상과 신선사상에 의한 각종 구조물들이 정원요소로 발달하였는데 십장생 등이 이용되었다. 풍수설에 입각하여 집터를 잡는 풍습이 생김으로써 지형의 제약을 받아 후원을 강조한 경향이 나타났는데 이때부터 후원노단식이 발달하여 우리나라 고유의 양식으로 지금까지 흔히 볼 수 있는 양식이다. 또한 땅은 넓고 네모지고 하늘은 좁고 둥글다 하여 방지원도(네모진 연못에 둥근 섬을 가운데 축조하는 기법)를 많이 이용하였다. 궁궐의 정원과 민가의 정원으로 대별하여 보면 궁궐정원은 창덕궁 후원과 같이 왕실을 위한 것이 있었으며, 민가의 정원으로는 은둔생활로 자연과 벗하여 생활하는 이들이 조성한 별서정원이 특별한 양식으로 생겨났으며, 곳곳의 경치 좋은 곳의 누각이 자연과 어울려 순응하는 양식으로 정착되었다. 자연적인 계류, 암석, 지형을 이용한 창덕궁 후원과 경복궁 교태전 후원인 아미산원이 궁궐정원의 대표적인 정원이며, 담양의 소쇄원과 보길도의 원림은 별서정원의 대표적인 정원이라 할 수 있다.

창덕궁 후원 경복궁 아미산원 보길도 원림

- **일본의 정원**

일본의 정원양식은 중국과 한국의 양식을 받아들여 소화한 형식으로 연못과 섬을 주 구성요소로 정원을 구성했으며, 차차 독자적인 방향으로 발달해 갔다. 초기에는 침전정원이 발달했으며, 그 후에는 경도의 서방사와 천룡사의 정원에서 보는 것과 같이 축산고산수수법의 회화적인 것으로 변모하였다. 16세기에 이르러 다정이라고 하는 독특한 정원양식이 창조되었다. 그 후 가산천수와 평정 속에 차정의 기교를 혼합한 회유식 정원양식을 발생시켰는데, 이 수법은 건물과 관계없이 땅 가름으로서 연못과 섬 및 산 따위를 적절히 만든 곳에 다정을 배치하고, 이것을 원로와 교량으로 연결시켜 놓은 것인데 이는 대자연의 모습을 축소한 형태로써 축경식정원이 꾸며지기 시작했다. 기암절벽, 폭포, 산, 연못, 절, 탑, 다리 등을 한눈에 감상할 수 있도록 만든 양식으로 그 규모는 대단히 작아서 좁은 공간을 활용할 수 있는 정원양식이었다.

일본 정원

② 유럽 정원

개방적이며, 수치적이고, 직선과 규칙적인 곡선, 원 또는 대칭이 되는 기하학적 타원, 각 등을 이용하여 기하학식 도안으로 설계되었다. 조형적인 선과 구조물들이 많다. 잔디와 자연스러운 수목, 점경물, 분수, 일년초화 등을 주로 이용하였으며, 강한 색채의 대비를 가진 즉흥적이고 직선적인 조경양식이다.

- **영국의 정원양식**

영국은 해양성기후를 배경으로 습하고 안개가 많으며, 연평균기온이 17~35℃를 유지하는 목축업을 하는 섬나라 국가이다. 지형적으로 국토의 대부분이 완만한 산야를 형성하고 있고, 소규모적인 지형으로 구성되어 있다. 국민의 성격은 개방적이며, 보수적이고 배타적이며 편협적이다. 강렬한 독립심을 가지고 있는 고수적인 국민성이다.

영국은 18세기 초엽부터 영국식 정원이 발달하기 시작하였으며, 그 이전에 그들의 재래적인 정원양식은 정형원에 해당하는 것으로서 이탈리아의 르네상스 이전의 것이나 프랑스의 고대의 것과 모두 비슷하였다. 17세기 후반기와 18세기 전반기에 많이 이용되었던 프랑스나 이탈리아의 기하학식 조경은 쇠퇴해지고, 영국의 자연풍경식 조경이 전 유럽의 관심을 끌기 시작하였다. 이후 독일식 풍경양식을 창안하는데 큰 영향력을 미치게 되었다. 또한 18세기 이후 자연풍경식에서 실용주의적 조경으로 바뀌어 화원이나 산울타리, 과수원, 채소원, 침강원이 도입되었다.

영국 정원

• 프랑스 정원양식

프랑스는 지형이 넓고 평탄하며 구릉과 습지가 많고, 남쪽은 만이 지중해에 접하고 있으며 국토의 대부분이 대서양 연안에 위치하고 있다. 서늘하고 습한 기후의 특징을 가지고 있으나, 동북쪽은 대륙과 접하여 대륙적인 기질을 내포하고 있다. 국민성은 전반적으로 신경질적으로 자기를 나타내려고 하는 면이 보인다. 프랑스는 이탈리아나 스페인과 같이 해상무역이 발달하지 못하여 재벌 상인도 없었다. 대부분 평탄한 지형으로 되어 있어 평지를 활용할 수 있는 양식을 구상하여 평탄한 지형과 습지를 활용할 줄 아는 조경을 창작하였다. 습지를 이용한 호수나 분수, 대운하, 침강원, 평면기하학식의 자수화단, 주 축선을 이용한 교차점이 분수나 조형물의 배치, 대리석 조각물, 통경선 수퍼, 생울타리, 동상, 잔디, 일년 초화, 꽃시계, 토피아리, 대칭미, 방사미, 균형미와 대비가 강한 즉흥적인 색채의 조화를 강조하였다.

프랑스 정원

• 이탈리아 정원양식

이탈리아는 지형이 알프스 산을 끼고 있어 구릉 또는 산악지대로 경사가 심하고 3면이 바다로 둘러싸인 반도 국가이다. 내륙교통이 원활하고 천연대리석과 벽돌, 테라코타, 목재 등 건축자재가 풍부하여 건축과 조경이 발달하였다. 전망이 좋은 경관을 내다 볼 수 있는 경사지를 잘 활용하여 건축을 하였고 계단식으로 정원을 만들어 노단식 정원이 등장하게 되었다. 첨경물도 대리석으로 만든 조각물과 분수대, 물계단 등이 조성되었다.

이탈리아 정원

· **독일의 정원양식**

독일은 일조가 부족한 자연환경과 지형, 자연여건, 국민성에 알맞은 실용적 풍경식 조경양식을 창안하였다. 18세기 영국으로부터 시작된 산업혁명을 계기로 독일은 공업국으로 발달하였으며 이러한 과학의 발달이 정원에도 영향을 미쳐 과학적으로 식물생태학과 식물지리학에 기초를 두고, 유기적인 연관을 두면서 기식을 하여 독일식 풍경 정원을 조성하였고 발전시켜왔다. 이러한 독일식 풍경식 정원양식은 전 유럽의 풍경식 정원양식의 모델이 되었다.

독일의 정원

③ 미국의 정원

1776년 독립 국가를 형성한 미국은 다민족이 모여 이룬 대륙 국가이다. 기독교를 바탕으로 남을 배려하는 문화가 발달하였으며 여러 민족이 모여 생활함으로 정원양식도 다양하게 조성되었다. 영국은 미국의 중동부 풀리마오스, 프랑스는 북미의 캐나다와 미국의 동남부, 스페인은 멕시코와 미국의 남서부 캘리포니아, 네덜란드는 중동부의 뉴암스테르담을 중심으로 다양한 정원이 만들어 졌다. 정형식 조경 양식의 영향으로 격자형 도시계획이 만들어졌으며, 영국의 목가적 풍경양식 등 다양한 정원이 조성되었다. 국민들도 현대감각에 조화되는 정원양식과 원시상태의 정원양식을 원하는 두 부류로 서로 대조적인 면이 나타났다. 신대륙을 개척하면서 생겨나게 된 방목생활은 미국적 정원양식의 견고한 농업적 전통을 잘 반영하였던 것으로 잔디밭과 포장한 길, 띄엄띄엄 여기저기에 식재된 수목배치, 집 주변의 관목이나 다듬어 놓은 생울타리, 한 공간에 초화류를 심어 단순하고도 실용적인 정원양식으로 발달하였다.

미국의 정원

10장
화단의 조성과 관리

1) 화단의 구성과 특성

화단은 경관을 장식하기 위하여 잘 조화될 수 있는 화초를 일정한 장소에 아름다운 모양으로 설계하고 식재하여 만들어 놓은 꽃밭이다. 이러한 화단은 관상의 시기, 식물의 종류, 화단의 모양, 설치장소, 양식 등에 따라 구분된다. 화단을 조성하기 전에 어떤 종류를 선택할 것인가를 정하고 화단을 계획하고 조성하는 것이 좋다.

① 화단설계의 주의점

- **도안구성**

화단설계를 할 때에 삼색을 잘 배열하여 단조롭고도 산뜻하게 나타내도록 도안을 구성하거나 유사한 색을 가진 잎색이나 꽃색을 배열하여 디자인 하는 방법이 있다. 너무 디자인에만 치우치다보면 구성과 심을 꽃의 재료가 복잡해져 유치하고 조잡스럽게 될 수 있고, 반대로 같은 형태로 중복했을 때에는 단조로운 경향이 있으므로 신중히 연구하여 설계하여야 한다.

- **화단구성의 재료선택**

꽃과 잎이 아름다운 것을 골라 식재하고, 키가 작은 숙근초나 화초류를 잘 배열한다. 재료의 종류는 2~4개 정도 이용하는 것이 좋으며, 꽃이 오래 피는 것을 선택한다. 또한 성질이 강하고 관리하기 쉬운 것을 식재한다.

② 형태에 의한 특성

- **원형**

서구식과 동양식 어느 것이나 잘 조화되며 안정된 느낌과 다소 부드러운 감을 준다.

- **타원형**

동양식에 적합하고 서구식에서는 별로 사용하지 않는다. 부드럽고 자연스러우며 균형미가 없을 때는 불안한 감이 든다.

- **사각형**

일반적으로 많이 이용되는 화단의 형태로 건물 앞이나 건물사이에 배치한다. 딱딱한 느낌을 주며 모서리가 부서지기 쉽다.

- **삼각형**

삼거리나 T자거리, 네거리의 중앙에 이용되며 특수한 장소를 나타내기 위해서가 아니면 이용하지 않는 것이 좋다.

2) 화단설계 및 시공

① 화단의 위치

화단의 위치는 햇볕이 잘 들고 바람이 잘 통하며, 관수용 물이 흔한 곳이 가장 좋다. 그늘진 곳에 심은 숙근초나 화목류는 꽃이 제대로 피지 않는다. 화단의 구성요소인 건물, 도로, 연못 및 각종 수목과 서로 조화를 이룰 수 있는 곳으로 화단을 관상하기에 불편함이 없어야 한다. 또한 토질이 되도록 비옥한 곳이 좋고 토질이 불량하면 객토를 한다. 토양은 보수력이 좋고 비옥하며 배수가 잘 되는 토양이 가장 좋다.

② 화단의 설계

위치가 선정되면 그 위치에 알맞은 화단의 형태와 양식을 정한다. 지형이 평탄하고 도로 및 토지구획이 정연한 곳이면 정형화단이 어울리고, 지형의 기복이 심하고 주위환경이 자연적이면 자연화단이 어울린다. 또한 형태의 선택과 규모는 주택, 학교, 병원, 공장 및 공원 등 생활공간의 구조물과 모양 및 환경에 따라 달리해야 한다.

설계에 있어서 화단의 모양, 배치, 나무의 종류 등을 구체적으로 표시하고 채색도 해보는 것이 좋다. 계절별 초종도 미리 구상하여 명시해 두는 것이 필요하다. 화단의 통로는 개인 정원이면 60cm로 하고, 학교, 병원, 공원, 공장 등 수용인원이 많은 곳이면 적어도 1m정도 필요하다. 또한 통로에는 자갈, 벽돌, 디딤돌 등을 깔아서 포장하는 것이 미관상 좋다. 이와 같은 설계의 기본은 통일과 변화에 있다. 화단을 구성하는 하나하나의 요소가 서로 연관성을 가짐으로써 보는 사람으로 하여금 안정감을 주고 통일성이 있어야 하는 반면에, 지나친 통일성에서 오는 단조로움을 없애기 위한 변화도 있어야 한다. 따라서 조화, 균형, 리듬을 고려해서 화단을 설계해야 좋은 화단을 만들 수 있다.

3) 화단의 종류

① 계절별 화단

· 봄철 화단

가을에 파종하거나 식재하여 이듬해 봄에 꽃을 피우는 식물로 만들어진 화단으로 추파일년초, 추식구근류, 이른봄에 피는 숙근성 자생화를 이용하여 아름답게 식재하는 화단이다.

ⅰ) 추파 일년초

가을에 파종하여 이듬해 봄에 꽃을 피우는 식물로 발아는 저온(10~15℃)에서 발아가 잘 된다. 생육기간 중 일정한 저온에 적응해야만 화아가 분화되어 꽃이 피거나 해의 길이가 길어지는 변화에 감응되어 꽃이 피는 성질을 가지고 있다. 온대나 아한대, 특히 지중해 기후형의 원산식물이 많다. 서늘한 기후에서 잘 자라고, 대부분 상대적 장일식물로 장일에서 개화가 촉진된다. 고온 장일상태에서는 생육이 부진해진다.

팬지(Pansy) / 과명 : 제비꽃과 / 학명 : *Viola tricolor* var. *hortensis*

생육특성 : 생육적온이 10~12℃이므로 6월 중순이후 화단에서는 생육이 어려움. 발아적온은 15℃로 낮은 편이며 파종은 9월 상순까지 하고 파종한 상자는 되도록 시원한 곳에 둔다. 아주 심기의 간격은 15cm, 큰 것은 25cm정도로 한다.

데이지(Daisy) / 과명 : 국화과 / 학명 : *Bellis perennis*

생육특성 : 유럽, 지중해 연안이 원산지로 추위에는 강하나 고온에는 약하므로 가을에 뿌려 6월까지 화단용으로 많이 이용한다. 종자는 8~9월에 파종하고 배수가 잘 되는 식양토에 재배한다. 햇빛이 잘드는 양지 바른 곳에 둔다. 식재 간격은 15~20cm 간격으로 정식한다.

프리뮬라(Primula) / 과명 : 앵초과 / 학명 : *Primula* spp.

생육특성 : 내한성은 강하나 고온에 약하다. 4월 중하순에 15~20cm간격으로 식재한다. 양지바른 곳에 정식하고, 재배중 무름병에 주의한다.

프리뮬러 말라코이데스　　　　프리뮬러 오브코니카　　　　프리뮬러 폴리안다
(*Primula malacoides*)　　　　(*Primula obconica*)　　　　(*Primula polyantha*)

앵초 / 과명 : 앵초과 / 학명 : *Primula sieboldii*

생육특성 : 원산지가 한국, 중국, 일본, 동부 시베리아로 이른봄에 개화하는 숙근성 다년초이다. 봄철 화단용이나 분화용으로 재배하며, 햇빛이 잘드는 장소에 식재한다. 노지에서 월동하고 실생번식 한다.

라넌큘러스(Ranunculus) / 과명 : 미나리아재비과 / 학명 : *Ranunculus asiaticus*
생육특성 : 유럽 남동부와 아시아 서남부가 원산지이며, 고온건조에서 발아율이 떨어지므로 서늘하게 관리 해주어야 한다. 발아기간이 길어 건조에 유의하여야 하고 겨울철 관리는 야온이 5~10℃ 되게 유지하여 주어야 한다.

금잔화(Pot marigold) / 과명 : 국화과 / 학명 : *Calendula officinalis*
생육특성 : 유럽 중앙부부터 남부, 카나리아제도에 약 20종이 분포한다. 비교적 내한성이 강하고 알칼리성 토양(pH 7.0)에서 잘자란다. 정식거리는 20cm가 좋으며, 가을에 파종해서 봄에 개화한다.

알릿섬(애기냉이꽃) / 과명 : 배추과 / 학명 : *Lobularia maritama*
생육특성 : 지중해 연안이 원산지인 비내한성 일년초로 가을에 파종하여 온실내에서 월동한 후 봄에 정식한다.

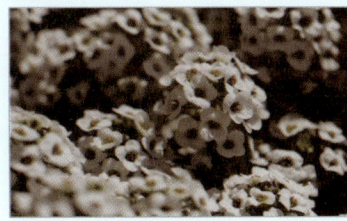  

리빙스턴 데이지(Livingstone daisy) / 과명 : 석류풀과 / 학명 : *Dorotheanthus bellidiformis*
생육특성 : 남아프리카 케이프타운이 원산지인 다육질의 일년초이다. 햇빛이 잘들고 배수가 잘 되는 식양토에 식재하며, 지피식물, 화단용, 분화용으로 이용한다. 내건성이 강하고 5℃에서 월동한다. 발아온도는 15~20℃이며, 생육 적온은 10~20℃이다.

마거리트(Marguerite) / 과명 : 국화과 / 학명 : *Chrysanthemum frutescens*
생육특성 : 카나리아제도 원산의 숙근성다년초이나 우리나라에서는 추파 일년초로 재배한다. 햇빛이 잘드는 노지에 재배하고, 0℃이상에서 월동하고 생육온도는 10~21℃이다. 실생, 분주, 삽목번식 한다.

물망초(왜지치) / 과명 : 지치과 / 학명 : *Myosotis sylvatica*
생육특성 : 유럽 원산의 일, 이년초이다. 햇빛이 잘드는 노지에 재배하고, 3~5℃에서 월동하고 생육온도는 10~23℃이다. 개화기는 4~6월이며, 실생번식한다.

아이슬란드 양귀비(Iceland poppy) / 과명 : 양귀비과 / 학명 : *Papaver nudicaule*
생육특성 : 북반구 극지역이 원산지인 일년초 또는 이년초로 햇빛이 잘들고 배수가 잘 되는 비옥한 사양토에서 잘 자란다. 개화기는 5~6월이며 13~23℃에서 생육한다. 실생으로 번식한다.

오리엔탈 양귀비(Oriental poppy) / 과명 : 양귀비과 / 학명 : *Papaver oriental*
생육특성 : 아시아 서남부, 지중해부터 이란이 원산지인 일년초 또는 숙근성 다년초로 햇빛이 잘드는 장소에 식재 한다. 개화기는 5~6월이며, 생육온도는 16~23℃이다. 실생으로 번식하며 이식이 안된다.

캘리포니아 포피(California poppy) / 과명 : 양귀비과 / 학명 : *Eschscholzia californica*
생육특성 : 원산지가 캘리포니아로 화단용, 분화용, 허브용, 조경용으로 이용되는 일년초 또는 다년초로 햇빛이 잘 드는 장소에 식재한다. 개화기는 4~5월로 생육적온은 15~25℃이고 아침에 피었다가 저녁에 진다. 실생으로 번식한다.

ⅱ) 추식구근류

9월과 10월 사이의 가을에 심는 구근류로 겨울동안 저온처리를 받은 후에 휴면이 타파되어 이른 봄에 꽃이 피는 종류이다. 종류로는 튤립, 히야신스, 크로커스, 수선화, 스노우드롭, 콜치컴 등이 있다.

튤립(Tulip) / 과명 : 백합과 / 학명 : *Tulip gesneriana*
생육특성 : 원산지가 중앙아시아, 터키, 지중해 연안인 내한성 구근식물로 4월에 개화한다. 분화용, 화단용, 절화용으로 이용하며 가을에 정식한다.

히야신스(Hyacinthus) / 과명 : 백합과 / 학명 : *Hyacinthus orientalis*
생육특성 : 터키 중부와 남부, 시리아 서북부, 레바논이 원산지인 가을에 식재하는 추식구근류이다. 개화기는 3~5월이며, 봄 화단이나 수경재배 식물로 이용하고 있다.

수선화(Polyanthus narcissus) / 과명 : 수선화과 / 학명 : *Narcissus tazetta* var. *chinensis*
생육특성 : 유럽, 지중해 연안이 원산지인 추식구근류로 3~4월에 개화한다. 화단용, 분화용, 절화용으로 이용되며, 햇빛이 잘들고 배수가 잘 되는 장소에 재배한다. 분구 번식 한다.

크로커스(Crocus) / 과명 : 붓꽃과 / 학명 : *Crocus vernus*
생육특성 : 지중해 인디아, 발칸반도 원산의 추식 구근류로 초장이 10cm내외 이다. 3~4월에 개화하며, 햇빛이 잘드는 노지에 재배한다.

아네모네(Anemone) / 과명 : 미나리아재비과 / 학명 : *Anemone coronaria*
생육특성 : 지중해 연안이 원산지인 추식구근류이다. 개화는 4~5월에 하며, 삼각추형의 일년생구근을 평편한 부분이 위로 올라오게 식재한다.

무스카리(Grape hyacinth) / 과명 : 백합과 / 학명 : *Muscari armeniacum*
생육특성 : 유럽동남부 원산의 추식구근류로 4~5월에 개화한다. 화단용, 분화용으로 이용하며 햇빛이 잘드는 노지에 재배한다. 실생 또는 자연분구로 번식한다.

스노플레이크 / 과명 : 수선화과 / 학명 : *Leucojum verum*
생육특성 : 중부유럽, 프랑스, 보스니아원산의 추식구근류로 4~5월에 개화한다. 화단용, 분화용으로 이용하며, 햇빛이 잘들고 배수가 잘 되는 노지에 재배한다. 실생 또는 분주번식 한다.

- **여름철 화단**

ⅰ) 춘파일년초

봄에 파종하여 가을이나 그 이전에 꽃을 피우고 열매를 맺는 종류로 열대 또는 아열대 지방 원산의 것이 많다. 내한성이 없고 자생지에서는 숙근성인 것이 많고 고온에서 잘 자란다. 가을에 파종하는 종자에 비해 높은 온도(18~21℃)가 요구되며, 기본생장 이후에는 온도조건만 맞으면 화아가 분화되어 꽃이 피는 성질과 해의 길이가 짧아지는 변화에 감응되어 꽃이 피는 성질을 가지고 있다. 종류로는 페튜니아, 과꽃, 나팔꽃, 누홍초, 루드베키아, 메리골드, 맨드라미, 미모사, 백일홍, 봉선화, 분꽃, 색비름, 샐비어, 수세미, 아게라텀, 아프리카봉선화, 색고추, 일일초, 종이꽃, 채송화, 천인국, 천일홍, 콜레우스, 한련화, 해바라기 등이 있다.

페튜니아(Petunia) / 과명 : 가지과 / 학명 : *Petunia hybrida*
생육특성 : 나팔꽃과 비슷하며 화단화초의 대명사로 화단에 많이 식재되고 있는 일년초이다. 상대적 장일식물로 장일일 때 개화가 촉진되고 8시간 이하의 단일이 되면 개화가 늦어지는 습성을 가지고 있다. 꽃이 피면 20~25cm 간격으로 정식한다.

아게라텀(Ageratum) / 과명 : 국화과 / 학명 : *Ageratum houstonianum*
생육특성 : 멕시코, 페루 자생종으로 원산지에서는 숙근초이나 우리나라에서는 1년초로 취급하고 있다. 저온에 약한 편으로 생육저온 및 개화는 10~15℃에서 잘된다. 장마로 인한 습해에 약하므로 주의해서 관리하여야 한다.

꽃베고니아(Perpetual begonia) / 과명 : 베고니아과 / 학명 : *Begonia semperflorens*

생육특성 : 브라질이 원산지로 자생지에서는 숙근성이나 우리나라에서는 일년초로 취급하고 있다. 사철꽃이 피므로 사철베고니아라고도 하고 있다. 생육온도가 10℃ 이상이면 일장에 관계없이 개화한다. 생육 중 잿빛곰팡이병에 주의 한다. 화단용, 토피어리용, 화훼장식용으로 많이 이용되고 있다.

아프리카 봉선화(Bedding impatiens) / 과명 : 봉선화과 / 학명 : *Impatiens sultan*

생육특성 : 원산지가 남아프리카 잔지바르인 열대습지에서 자라는 숙근성 초화류로 우리나라에서는 노지 춘파 일년초로 재배하고 있다. 광발아 종자이며 그늘, 공해, 더위, 장마 등에 강하므로 여름 화단에 적당하다. 유기질이 많고 보수력이 있는 토양에 20~30cm간격으로 정식한다. 충분히 관수해준다.

백일홍(Zinnia) / 과명 : 국화과 / 학명 : *Zinnia elegans*

생육특성 : 멕시코 원산인 춘파 일년초이다. 상대적 단일식물로 봄부터 가을까지 다양한 꽃색의 화려한 꽃이 피고 화단 뿐만 아니라 절화용으로도 많이 이용되고 있다. 배수가 잘되고 유기질이 풍부한 토양에 20~30cm간격으로 정식하여 준다.

프렌치메리골드(공작초) / 과명 : 국화과 / 학명 : *Tagetes patula*

생육특성 : 멕시코, 과테말라 원산의 춘파 일년초이다. 분화용이나 화단용으로 이용하며, 햇빛이 잘드는 장소에 식재한다. 특유의 강한 냄새가 난다.

아프리칸메리골드(만수국) / 과명 : 국화과 / 학명 : *Tagetes erecta*
생육특성 : 멕시코 원산의 춘파일년초이다. 7~9월에 개화하고 햇빛이 잘드는 장소에 식재한다. 실생으로 번식한다.

샐비어(Salvia) / 과명 : 꿀풀과 / 학명 : *Salvia splendens*
생육특성 : 브라질 원산의 춘파일년초이다. 자생지에서는 다년생이며 고온다습에 강한 여름화단의 왕으로 불리울 만큼 많이 이용하고 있는 초화류이다. 만생종은 단일성 식물이나 조, 중생종은 일장과 관계없이 개화한다. 화단용, 컨테이너용으로 이용하며, 부식질이 많은 노지화단에 식재한다.

천일홍(Gomphrena) / 과명 : 비름과 / 학명 : *Gomphrena globosa*
생육특성 : 과테말라, 파나마 원산의 춘파 일년초이다. 화단용, 절화용, 건조화용, 컨테이너용으로 이용되며, 핀 꽃이 천일 간다고 해서 천일홍이라고 불리운다. 단순한 화색이지만 여름부터 가을까지 견딜 수 있는 초화류이다. 꽃이 핀 후에 그대로 꽃가지에 매달려서 마르므로 건조화로도 많이 이용된다. 햇빛이 잘 들고 배수가 잘 되는 노지 화단에 식재한다.

과꽃(Aster) / 과명 : 국화과 / 학명 : *Callistephus chinensis*
생육특성 : 한국북부, 중국 동북지방이 원산지인 1속 1종의 춘파 일년초이다. 속명은 아름다운 화관이라는 뜻으로 여름화단에 낯익은 꽃으로 0℃에서도 견디는 강한 식물이다. 단일(12시간 이하), 저온(15℃이하)에서는 로제트가 되지만 20℃이상이면 정상적으로 생육한다. 생육 중 입고병이 심하므로 토양소독을 철저히 한다.

일일초(Vinca) / **과명** : 협죽도과 / **학명** : *Vinca rosea*
생육특성 : 마다카스카르 중심의 열대부터 아열대 지방에 18종이 분포하고 있다. 열대숙근초이나 우리나라에서는 일년초로 취급하고 있다. 여름의 고온건조에 강하나 바이러스 병에 약한 것이 단점이다. 고온, 건조, 강 광에 강하나 저온과 강우에 약하다. 번식은 종자번식(암발아 종자)으로 한다. 햇빛이 잘 들고 배수가 잘 되는 장소에 식재한다. 초여름부터 가을까지 개화한다.

루드베키아(Rudbeckia) / **과명** : 국화과 / **학명** : *Rudbeckia hirta*
생육특성 : 북아메리카가 원산인 춘파 일년초이다. 일년초와 숙근초의 두 가지가 있으나 화훼에서는 일년초로 취급하고 있다. 내한성은 서울에서도 겨울을 날 정도로 조방적인 화단에 많이 이용하고 있다. 햇빛이 잘들고 배수가 잘 되는 비옥한 사양토에 식재한다.

맨드라미(Celosia) / **과명** : 비름과 / **학명** : *Celosia cristata*
생육특성 : 아시아, 아프리카, 아메리카의 열대부터 아열대에 약 50종이 분포한다. 추위에는 약하지만 고온에는 대단히 강하므로 여름화단에 적당하다. 상대적 단일식물로 14~16시간 이상의 일장일 때는 꽃눈분화와 화수의 착색이 늦어진다. 직근성이므로 옮겨심기를 싫어하는 편이다. 햇볕이 잘 들고 배수가 잘 되는 약산성토양에서 잘 자란다.

채송화(Rose moss) / **과명** : 쇠비름과 / **학명** : *Portulaca grandiflora*
생육특성 : 브라질, 우루과이, 아르헨티나 원산의 춘파일년초이다. 화단용, 분화용으로 이용되며, 햇빛이 잘들고 배수가 잘 되는 사양토에 식재 한다. 다육질의잎이 지면을 포복하면서 자란다.

콜레우스(Painted nettle) / 과명 : 꿀풀과 / 학명 : *Coleus blumei*

생육특성 : 열대부터 아열대지방에 자생하는 춘파 일년초이다. 비료분이 많은 토양을 좋아하고 8℃이상에서 월동한다. 발아는 20~25℃의 고온이 필요하고, 파종후 2~3개월이면 성모로 자란다. 고온다습하고 햇빛과 물빠짐이 좋은 곳이 적당하다. 햇빛이 부족하면 웃자라고 연약해지며, 잎색도 나쁘게 된다.

밀집꽃(Everlasting) / 과명 : 국화과 / 학명 : *Helichrysum bracteatum*

생육특성 : 오스트레일리아가 원산인 춘파일년초이다. 화단용, 절화용, 건조화용으로 이용된다. 5~9월에 개화하고, 생육온도는 16~30℃이다. 햇빛이 잘들고 배수가 잘 되는 화단에 식재한다. 건조에는 강하나 너무 건조시키면 안되고 여름의 고온기에 주의해야 한다. 실생으로 번식한다.

풍접초(클레오메) / 과명 : 풍접초과 / 학명 : *Cleome spinosa*

생육특성 : 열대아메리카 원산의 춘파일년초이다. 화단용으로 이용된다. 햇빛이 잘 들고 배수가 잘 되는 비옥한 사양토에 식재한다. 개화기는 6~9월이며, 생육온도는 16~30℃이다. 실생으로 번식한다.

토레니아(Bluewings) / 과명 : 현삼과 / 학명 : *Torenia fournieri*

생육특성 : 열대아시아 원산의 춘파일년초이다. 화단용, 분화용으로 이용되며 햇빛이 잘들고 배수가 잘 되는 사양토에 식재한다. 개화기는 6~10월이고 생육적온은 16~25℃이다. 실생으로 번식하며 발아온도는 25℃이다. 습한곳을 좋아하고 건조한 것을 싫어하기 때문에 건조하지 않게 관리한다.

한련화(Garden nasturtium) / 과명 : 한련과 / 학명 : *Tropaeolum majus*
생육특성 : 페루, 콜롬비아, 브라질 고산지대가 원산인 일년초이다. 화단용, 철책울타리용, 허브용으로 이용된다. 햇빛이 잘 드는 장소에 식재한다. 개화기는 6~10월이고 생육적온은 16~30℃ 이다. 잎과 꽃, 미성숙 열매에 독특한 신맛이 있어 허브나 식용으로 이용한다.

봉선화(Garden balsam) / 과명 : 봉선화과 / 학명 : *Impatiens balsamina*
생육특성 : 중국, 인도, 말레이시아 원산의 춘파 일년초이다. 화단용으로 이용하며, 햇빛이 잘 들고 배수가 잘 되는 비옥한 사양토에 식재한다. 꽃잎 뒤에 거가 있다. 물 빠짐과 통풍이 잘 되는 장소를 좋아한다.

설악초(Snow on the mountain) / 과명 : 대극과 / 학명 : *Euphorbia marginata*
생육특성 : 미국의 텍사스, 미네소타, 콜로라도 원산의 춘파 일년초이다. 분화용, 화단용, 절화용으로 이용되며 햇빛이 잘 들고 배수가 잘 되는 장소에 식재 한다. 옮겨심기를 싫어하기 때문에 화단에 직접 파종하는 것이 좋다.

나팔꽃(Morning glory) / 과명 : 메꽃과 / 학명 : *Ipomoea nil*
생육특성 : 열대아시아, 히말라야원산의 덩굴성 춘파일년초이다. 화단용, 철책울타리용, 약용, 벽면 트렐리스용으로 이용되며 햇빛이 잘들고 배수가 잘 되는 노지화단에 식재한다. 7~9월에 개화한다.

멜람포디움 / **과명** : 국화과 / **학명** : *Melampodium paludosum*
생육특성 : 멕시코 원산의 춘파 일년초이다. 화단용, 컨테이너용으로 이용되며 햇빛이 잘 들고 배수가 잘 되는 화단에 식재 한다. 생육온도는 16~30℃이고, 여름의 더위에 강하므로 화단이나 플라워박스에 식재하면 잘 자란다.

분꽃(Four O'clock) / **과명** : 분꽃과 / **학명** : *Mirabilis jalapa*
생육특성 : 열대아메리카 원산의 춘파일년초이다. 화단용, 유전학연구용으로 이용되며, 햇빛이 잘 들고 배수가 잘 되는 노지화단에 식재한다. 오후 늦게부터 피기 시작하여 야간에 피는 습성을 가지고 있다.

ⅱ) 춘식구근류

추위가 완전히 지나고 서리가 내릴 염려가 없는 봄철에 심는 구근류이다. 대부분 열대나 아열대 지방에 자생하고 있다. 종류로는 칸나, 다알리아, 글라디올러스, 아마릴리스 등이 있다.

글라디올러스(Gladiolus) / **과명** : 붓꽃과 / **학명** : *Gladiolus gandavensis*
생육특성 : 잎이 칼모양으로 생겼다하여 라틴어로 gladivs(칼)란 단어에서 유래하였다. 재배는 약500년 전부터 시작되었으며, 원산지는 소아시아, 지중해연안, 아프리카이다. 추위가 지난 봄에 노지화단에 식재하면 7~8월에 개화한다. 재식거리는 12X15cm 간격으로 구근의 3배정도 깊이로 심는다. 토양산도는 pH 6~6.5정도가 적당하다. pH가 5 이하 일때는 불소의 피해가, pH 7.5이상일때는 철분의 결핍이 될 수 있다. 수확은 9~10월경 잎이 1/2~1/4정도 말랐을 때 수확한다. 세 번째잎이 돋을 때부터 7번째 잎이 돋을 때 개화는 완연한 단계에 이르고 오래된 구근의 뿌리는 죽고 새로운 구근의 새뿌리가 돋아나기 때문에 물관리에 특히 주의하여야 한다.

칸나(Canna) / 과명 : 홍초과 / 학명 : *Canna indica*

생육특성 : 열대아메리카 원산의 춘식구근류이다. 생육이 왕성하여 화단용이나 수재화단용으로 이용한다. 햇빛이 잘 드는 노지화단에 식재하면 7~10월에 개화한다. 내한성이 약한 식물로 생육적온은 25~28℃이고 5℃이하에서는 생육이 중지되고 0℃이하에서는 동사한다. 일반적으로 18℃이상에서 생육이 좋다. 구근을 심어 싹이 자라 잎이 6~7매가 전개되면 화수(꽃송이)가 나오고 이시기에 새싹 기부의 양쪽에 새로운 지하줄기가 발달되고 각끝마다 생기는 눈이 자라서 2차 눈이 발달된다. 지하에 남아 있는 눈은 9월 하순 이후가 되면 온도가 낮아지고 일장이 짧아짐에 따라 급속히 증가하고 비대되어 다음해 이용할 종구가 된다. 구근의 수확적기는 서리내리기 직전이 좋다. 가을에 포기째로 움저장해 두었던 것을 3월 하순에 흙을 털어 버리고 2~3개의 눈을 붙여서 자른다음 절단부위가 썩지 않도록 유황가루나 나무재를 발라서 육묘한 후 4월 중순을 기준으로 늦서리 피해가 없는 시기에 식재한다.

다알리아 / 과명 : 국화과 / 학명 : *Dahlia hybrida*

생육특성 : 멕시코, 과테말라가 원산지인 춘식구근류이다. 개화기는 6~9월이며, 화단용, 절화용으로 이용된다. 햇빛이 잘 드는 비옥한 사양토에 재배한다. 고산지방에서 자생하므로 대부분의 품종이 여름 고온에 약하고 봄, 가을에 잘 개화한다. 생육적온은 15~20℃이며 8℃이하나 30℃이상에서는 생육이 급격히 저하된다. 상대적 단일식물로 꽃눈 분화는 단일조건에서 촉진된다.

나리류 / 과명 : 백합과 / 학명 : *Lilium* spp.

생육특성 : 온대, 북반구의 아열대부터 아한대가 원산지이며 초여름에 개화한다. 가을에 심는 추식구근류이나 화단에 이른봄에 식재하여도 된다. 생육적온은 15~25℃이다. 추위에는 강하나 여름 고온다습을 싫어한다. 햇빛이 잘드는 장소에 식재한다.

· 가을 · 겨울철 화단

코스모스(Cosmos) / 과명 : 국화과 / 학명 : *Cosmos bipinnatus*
생육특성 : 멕시코 원산의 봄에 파종하는 일년초로 가을에 피는 화초의 대명사이다. 화단용, 컨테이너용, 절화용, 조경용으로 이용되며, 단일성 식물이나 최근 육성된 4배체의 베르사이유나 조생계통은 여름에도 피므로 일장과 관계없이 화단용으로 이용한다. 양지바른 곳에 40~50cm간격으로 정식한다.

국화 / 과명 : 국화과 / 학명 : *Dendranthema grandiflorum*
생육특성 : 가을을 대표하는 화단 및 분화용 식물이다. 유럽, 아메리카, 중국 원산의 다년초로 오랫동안 꽃을 보는 대표적인 초화류이다. 생육적온은 15~25℃이고 6월경에 햇빛이 잘들고 통풍이 잘 되는 장소에 식재한다. 과습에 약하므로 물빠짐이 잘 되는 용토에 식재한다.

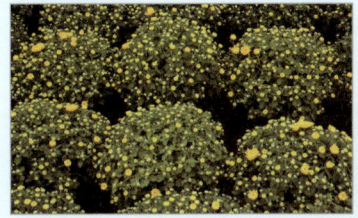  

꽃양배추 / 과명 : 십자화과 / 학명 : *Brassica oleracea*
생육특성 : 유럽 원산의 추파 일년초로 늦가을에서 겨울까지의 화단용 식물이다. 7~8월에 파종하고 9월에 정식한다. 양배추와 유사하나 잎이 아름답고 주변 잎이 구불구불하다.

② 입체 화단

크기가 다른 화초를 입체적으로 잘 배열하여 관상하기 좋게 만든 화단이다.

· 기식화단

모둠화단이라고도 한다. 축의 교차점을 이용하여 정원 부지의 중앙에 원형이나 타원형, 삼각형 또는 다각형 등으로 독립되게 만든다. 중심부는 높게, 가장자리는 낮게 흙을 모두고 중심부에는 장미, 칸나, 유카 등을 심고 가장자리에는 키가 작은 화초를 심어 사방에서 관상할 수 있도록 만든다.

· 경재화단

도로에 면한 부분과 건물주위, 울타리 담벽 또는 경사면을 배경으로 길게 만든 화단으로 길이와 폭은 배경에 맞추어서 적당히 심되 되도록 폭은 1~2m 내외가 되게 하면 좋다. 전면 한쪽에서만 관상하게 되므로 앞쪽은 키가 작은 화로를 식재하고 뒤쪽은 키가 큰 화초를 식재한다.

· 노단화단

경사지를 계단모양으로 돌을 쌓고 축대위에 화초를 심을 수 있도록 만든 화단이다. 전체가 계단모양과 같이 입체적으로 보여 아름답기는 하지만 돌로 축대를 쌓기에는 경비가 많이 든다.

기식화단   경재화단   노단화단

③ 평면 화단

· 자수화단

기하학적 문양에 의하여 다양한 색채와 화려한 꽃들을 식재한 화단이다. 동양보다는 유럽에서 많이 만드는 화단으로 키가 작고 오래 피는 꽃들을 기하학 도안식으로 설계한다. 꽃색을 아름답게 삼색 내외로 배색하여 지면이 보이지 않게 여러 가지 무늬를 만들어 식재한다.

· 리본화단

경재화단과 같이 건물 또는 울타리 앞과 통로 양쪽에 좁은 폭으로 키가 작은 화초를 리본처럼 길게 무늬를 그리며 심어서 화단을 만들어 감상하는 화단이다. 꽃과 잎의 색이 아름다운 것을 골라서 선이 뚜렷하게 나타나도록 식재하며 조각물을 강조하기 위해서 또는 평면의 원형화단이나 사각화단을 장식하기 위해 둘레를 띠로 두르기도 한다.

- 포석화단

정원의 통로나 잔디밭 가운데의 통로 또는 연못주위, 해시계나 분수조각 등의 주위에 돌을 깔고 돌과 돌 사이에 왜성의 숙근초화류를 식재하여 돌과 초화를 조화시켜 관상하는 화단이다.

자수화단   리본화단   포석화단

4) 공중걸이와 벽걸이

① 뜻과 의의

덩굴성이나 반덩굴성, 잎이 긴 것, 잎이 아름다운 것, 꽃이 밑으로 피는 것 등 이런 종류의 식물은 테이블 위에 놓고 관상하기 보다는 매달아 관상하는 것이 식물의 장점을 충분히 즐길 수 있다. 입체적인 장식을 요하는 공간 및 좁은 평면 공간에서는 식물을 벽이나 공중 상태에 두고 감상함으로써 그 효과를 높일 수 있다. 공중걸이와 벽걸이는 식물 및 공간에 따라 식물을 벽이나 공중에 걸어 보다 아름답게 감상할 수 있게 하는 것이다.

② 매다는 형태에 따른 분류

- 벽걸이형

한쪽 면을 붙여 걸어 앞면에서만 감상할 수 있는 형태의 공중걸이 화분을 말한다.

벽걸이형

- 공중걸이형

식물체 덩어리나 식물체가 담긴 용기를 공중에 걸어 사방에서 감상할 수 있는 공중걸이 형태의 화분을 말한다.

공중걸이형

③ 공중걸이 화분이 이용 장소에 따른 구분

- **실내이용**

벽걸이는 현관의 신발장 윗벽, 실내 입구에서 마주보이는 벽, 응접세트 의자가 놓이는 맞은편의 벽 등에 장식할 때 더욱 돋보인다. 공중걸이는 창문 장식용뿐만 아니라 개인의 프라이버시를 유지 할 수 있는 차폐역할도 갖는다. 위로 자라는 식물은 낮게 하고 아래로 늘어지는 식물은 늘어지는 정도에 따라서 높이를 조절한다. 적당한 높이는 감상자의 정면 시선보다 약간 높게 위치하는 것이 좋다. 온도와 광선 요구도의 고려와 사람의 활동이나 생활에 불편을 주지 않도록 하는 것 외에 안정감 있게 고정시키는 것이 중요하다.

- **실외이용**

주택에서는 처마나 안뜰에 장식하여 아름다운 공간을 연출한다. 울타리나 담에 걸어 무표정한 담에 변화를 준다. 주택의 좋은 이미지와 행인들에게 흥미거리를 제공한다. 공공장소에서는 가로등 대에 부착하는 경우가 많은데 자연스러움이 있는 꽃을 눈높이나 그보다 높게 장식한다.

실외이용

④ **식물의 선택**

공중걸이용 식물은 옆으로 퍼지거나 늘어지면서 잎이 무성한 식물이 좋다.

- **실내이용 식물**

아이비류, 호야류, 필론덴드론, 필레아, 신고니움, 제라늄, 달개비류, 클로로피텀류, 접란, 네프롤네피스, 스킨답서스 등

아이비 　　　　호야 　　　　필론덴드론 옥시카르디움

- **실외이용 식물**

페튜니아, 팬지, 일일초, 리치마키아, 아이비, 아프리칸봉선화, 아마란서스, 에니시다, 캄파눌라, 버베나, 사피니아, 꽃베고니아, 제라니움 등

페튜니아 　　　　팬지 　　　　일일초

⑤ 용기의 종류 및 준비

공중걸이에 이용하는 용기는 끈으로 화분 자체를 매달아 감상하는 방법과 금속이나 비닐로 된 눈이 큰 망 속에 수태를 단단하게 넣고 물을 충분히 먹인 다음 망의 구멍을 벌리면서 고사리류나 페튜니아 등을 심어서 가꾸는 방법이 있다.

용기의 준비는 플라스틱, 토기 및 도자기 제품을 이용해서 만든 용기에 끈을 매달아 사용한다. 대나무 통을 이용하는 방법과 페트병, 바구니, 그물망, 목재나 헤고, 폐품 등 다양한 재료를 이용하여 만든 용기를 준비한다.

다양한 공중걸이용 화분의 종류

⑥ 배양토

일반 화분용토를 사용해도 좋다. 공중에 매달아야 하기 때문에 가벼운 용토를 사용하는 것이 좋다. 피트모스, 버미큘라이트, 펄라이트, 수태 등이 사용된다.

피트모스   펄라이트   수태

⑦ 식재 및 관리

공중걸이용 용기에 배수구멍이 없으면 배수층을 만들어 준다. 식재할 때에는 관수할 공간을 남겨놓아야 하기 때문에 배양토를 용기의 윗부분에서 약 2~3cm 아래까지 충전한다. 수태를 이용하여 바구니 망에 심을 때는 마무리를 깨끗하게 하여야 보기에도 좋고 식재 후에 관리하기도 좋다. 물을 줄때는 옮겨서 주고 분무기로 자주 물을 뿌려서 주는 것이 좋다. 외부에 많은 숫자의 공중걸이 화분을 설치 할 경우에는 관수 시설을 설치하여 자동으로 관수할 수 있도록 하는 것이 좋다. 식물의 비배관리는 생육상태를 보아가며 관리해 준다.

11장
주택정원

1) 주택정원의 특징

주택은 외부 세계와 격리된 하나의 성과 같은 것으로서 가족단위의 프라이버시를 최대한으로 보장하는 곳이며, 살고 있는 사람의 신분과 사회적 지위를 상징하는 의미도 갖고 있다. 이런 관점에서 볼 때 주택정원의 특징은 자연의 공급으로 주택 내의 휴식과 정적인 여가활동의 증진과 가족의 프라이버시를 지켜주며 담과 수목으로 주위를 감싸서 아늑하고 안전한 주거 기능이 이루어지도록 해야 한다. 여름 햇빛을 조절하고 겨울의 찬바람을 막아 미기후를 조절해 주며, 수목과 구성 재료들의 조화로 미적 구성을 행하므로 예술적인 가치를 주어 심미적 쾌감을 부여하도록 해야 한다. 주택정원을 주택을 제외한 외부공간을 아름답게 장식하고, 가정생활을 하는 데 불편이 없도록 신중을 기하여야 한다.

2) 정원계획의 주의 점

① 감상면에서 본 정원계획

주택과 정원시설 등 색채의 연관과 조화를 균형되게 해야 하며, 정원시설물의 크기에 균형과 비례 등을 조화시켜야 한다. 지형, 지물을 그대로 활용해야 하고 자연미와 인공미를 잘 조화시켜서 계획하여야 한다. 인공적인 것을 자연스러움과 부드럽게 처리해야 하며, 주변의 풍경을 정원으로 연결하는 차경을 이용하여 정원과 주변 경치가 자연스럽게 이어지도록 계획하여야 한다. 또한 물을 잘 활용하여야 한다.

② 기능면에서 본 정원계획

좁고 어두운 곳을 환하게 하며, 좁은 곳은 넓게 보이게 계획하여야 한다. 지저분한 풍경은 안 보이게 하고, 습한 곳은 배수가 잘되게 하는 것이 좋다. 여름에는 시원하게 겨울에는 따뜻하게 해야 하며, 대문에서 거실이 직접 들여다보이지 않게 해야 한다. 주변에 소음이 있으면 방음시설을 하여 시끄럽지 않도록 해야 하다. 먼지가 많이 나는 지역은 방진시설을 해야 하고, 길은 편리한 곳에 내야 한다. 일사 조절을 위해 여름에는 그늘이 지게하고, 겨울에는 햇빛이 잘 들 수 있도록 계획하여야 한다. 통풍시설을 고려해서 바람이 잘 통하도록 하는 등 기능적인 면을 고려한 정원계획을 수립하는 것이 중요하다.

3) 주택정원의 설계

① 조사와 분석

사용자와의 면담을 통해 의도를 잘 습득한 후 이를 바탕으로 기본도를 준비하고 부지내외 공간을 조사 분석한 후 프로그램을 종합한다.

② 기본계획

공간별 기능도와 개념도를 작성한다. 개념도에는 계획지침, 형태구성, 공간구성을 포함한 기본계획을 완성한다.

③ **설계**

정원의 배치계획, 정지계획, 식재계획, 상세도를 설계한다.

④ **시공**

정원설계에 따라 시공한다.

⑤ **관리**

관수, 제초, 시비, 약제 살포 등 일반적인 관리를 한다.

4) 계획을 위한 조사분석

① 대지 및 주변환경

- 자연적인 요소
- 시각적 요소
- 경관적 요소
- 주변 건물의 용도 · 크기 · 모양
- 주변의 지역지구가 도심지인가 교외인가
- 주변의 편익시설
- 대지의 형태와 규모

② 이용자에 관한 사항

- **생활수준** : 직업, 교양정도, 소득수준
- **가족의 성격과 태도** : 유지관리의 관심도, 미적인 태도
- **시설내용** : 차량보유수, 주차소요 대수, 주변 차량의 진출입 상황
- **단란의 양상** : 모두 같이 모여 여가를 즐기는가, 개인적인 여가를 즐기는가, 옥상공간을 자주 이용하는가, 파티오가 필요한가, 외부 조망 및 식사를 즐기는가, 수영장과 연못이 필요한가 등
- **작업장** : 채소밭, 온실, 빨래터, 건조함, 자동차 수리시설, 정원관리시설, 보관소 등
- **어린이 놀이터** : 존재여부, 종류
- **기타** : 정원의 옥외시설물, 조각, 조명등, 정자, 그 외에 필요한 것

③ 프로그램의 종합

대지 및 주변 환경, 이용자와의 만남 등에서 도출된 요소와 조건들의 개요를 뜻한다. 예를 들어 대문의 입구는 어떻게 할 것인가, 주정부분에 연못의 설치 유무와 크기, 작업공간의 크기, 시설물 등 이용자의 요구와 물리적인 조건을 분석 종합하는 과정이다.

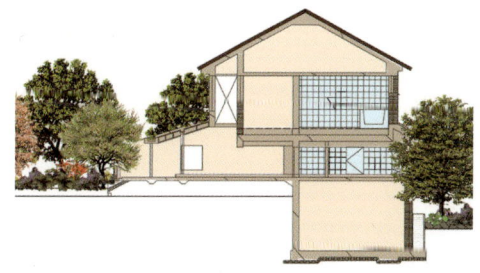

주택정원 개념도 예

5) 기본계획

① 주택정원의 기능분할

주택의 외부공간은 내부 생활공간의 이용과 밀접한 관계가 있고, 기후가 따뜻한 계절에는 내부의 생활기능이 빈번하게 외부로 연장 되므로 내부와 외부는 항상 동시에 고려되어야 한다.

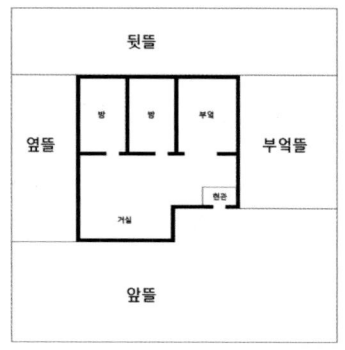

주택 내·외부 공간의 기능 분할

· **앞뜰**

앞뜰은 대개 대문과 현관사이에 끼어 있는 공간으로 이와 관련된 내부공간은 현관홀이며 외부 공간을 이루는 것은 대문, 진입 공간, 주차장, 차고 등이다. 이공간은 주택의 첫 인상이라고 할 수 있다. 주택의 남쪽에 위치하는 것이 좋고, 원로는 잔디밭 중심부로 나가는 것을 피하며 분수, 정원석 배석, 조각물배치, 연못, 퍼골라, 아치, 벤치 등을 설치한다. 대문에서 안방이 직접 보이지 않도록 차폐 하는 것이 좋다. 우리나라와 같은 기후에는 남쪽 창문 앞에 상록수보다는 낙엽활엽수를 식재하여 여름에는 녹음이 져서 그늘을 만들어 주고 겨울에는 낙엽이 져서 햇볕이 잘 들어오도록 하는 것이 좋다.

· **뒤뜰**

뒤뜰은 우리나라 전통건축의 후원과 유사한 공간으로 대체로 실내공간의 침실과 같은 휴양공간과 연결되어 조용하고 정숙한 분위기를 갖는 공간이다. 한옥정원의 뒤뜰에는 계단식으로 또는 언덕이 졌고 장독과 신주단지를 씌운 주저리, 감나무나 몇 그루의 과수나무 등을 식재 하였다. 외국의 경우에는 일광욕실 혹은 폐쇄된 중정이 외딴장소로 설치 될 수 있다. 침실에서의 전망이나 동선을 살리되 외부에서는 가능한 시각적, 기능적 차단을 하여 프라이버시가 최대한 보장되어야 한다.

· **옆 뜰**

옆 뜰에는 노인 방과 서재, 부엌 등이 있으므로 이에 세심한 주의를 기울여야 한다. 옆 뜰은 대게 노인들이 사용하는 방이 접하게 되므로 노인에게 알맞은 정원을 꾸미는 것이 효과적이다. 동쪽의 뜰은 아침햇살이 따뜻하므로 창문 앞에는 낙엽수를 식재하여 겨울에는 따뜻하게 햇볕이 잘 들게 하고 여름에는 그늘을 만들어 주어 시원하게 하는 등 통풍과 환기문제가 고려되어야 한다.

· **부엌뜰**

서쪽의 뜰은 안방과 부엌, 욕실, 화장실, 보일러실이 접하게 되므로 여기에는 장독대와 우물, 세탁장, 빨래 건조장, 풀장, 보일러실, 연료 탱크 등이 설치되며 서향의 저녁 햇살을 막을 수 있는 차광 나무가 필요하다. 장독대에는 벌레가 생기지 않도록 각종 냄새나는 약초(천궁, 부초 등)를 심어서 정원을 장식하면서 벌레 기피제로 이용하는 것도 좋다.

② 주택정원의 계획 및 설계

· 정원의 설계지침

정원은 이용과 동시에 감상하는 공간이므로 실용성과 심미성을 동시에 고려해야 한다. 또한 내·외부 공간의 상호관련성 그리고 대지와 건물의 모양에 조화를 꾀하여야 한다. 중점지역을 설정하여 이 정원의 주제가 되는 위치를 찾아 전체적으로 통일성을 꾀한다. 대지조건, 취향, 양식, 유지관리 등을 고려하여 적절한 식물재료를 선택해야 한다.

· 정원의 계획구상

ⅰ) 기하학적·구조적 정원 : 기하학적 골격이 주가 되고, 식물재료는 부가적 요소가 되는 것
ⅱ) 기하학적·자연적 정원 : 구조적 골격이 주가 되지만 식물재료나 다른 자연적 요소가 중요한 역할 혹은 동일한 역할을 하는 것
ⅲ) 자연적·구조적 정원 : 식물재료, 바위, 혹은 물 혹은 지형이 지배적이지만 분명히 기하학적 구성감이 있는 것
ⅳ) 자연적 정원 : 자연적 요소와 재료가 주가 되고 다른 인위적 형태나 골격이 명백히 드러나지 않는 것

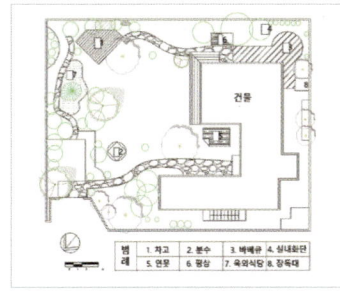
주택정원 기본설계도 예

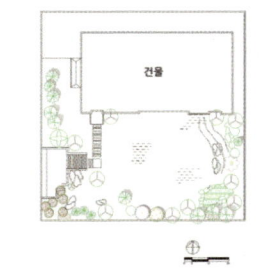
주택정원 설계도 예

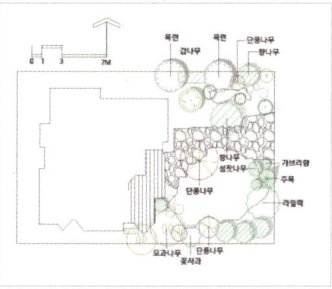
주택정원 배식 설계 예

주택정원 설계도 예

6) 주택정원의 식물 식재 계획

① 식재 방법

- **단일품목의 식재**

한 가지 품목의 식물로 식재하는 방법이다.

■ 장점	■ 단점
· 식재 효과를 예측하여 종을 선정할 수 있다. · 개화기에 다수의 꽃을 볼 수 있다. · 종에 대한 강한 인상과 시각적인 효과를 충분히 얻기에 적합하다. · 다른 종의 침입에서 보호될 수 있다. · 유지관리하기에 유리하다.	· 관상기간이 짧다. · 병해충 발생우려가 있다.

단일품목 식재

- **다양한 품목의 식재**

개화기나 화색 등이 다양한 품목을 혼식하는 방법이다.

■ 장점	■ 단점
· 다양한 볼거리를 제공한다. · 긴 관상기간을 유지할 수 있다.	· 관리하기가 어렵다. · 시각적인 효과가 떨어진다. · 종간 경쟁관계로 우성종 위주로 변해 갈 수 있다.

다양한 품목 식재

② 주택정원용 식재 식물의 종류와 특성

비비추 / **과명** : 백합과 / **학명** : *Hosta longipes*
생육특성 : 우리나라 산 속 골짜기에 자생하는 다년초이다. 땅속줄기로 번식하고 여름철 보라색꽃이 아름답고 풍성한 잎이 관상가치가 높아 정원의 음지에 많이 식재하는 대표적인 지피식물이다.

일월비비추 / **과명** : 백합과 / **학명** : *Hosta capitata*
생육특성 : 우리나라 덕유산, 백운산, 지리산, 가야산, 일월산의 산속 습지나 시냇가에 자생하는 다년초이다. 잎은 넓은 난형이고, 꽃은 꽃줄기 끝에 두상으로 보라색 꽃이 핀다. 7~9월에 개화하고 개화 후 하고 현상이 발생하는 경우가 있어 꽃무릇과 같이 혼식하면 좋다.

흑산도비비추(잉거비비추) / **과명** : 백합과 / **학명** : *Hosta yingeri*
생육특성 : 우리나라 흑산도, 홍도지역에 자생하는 다년생 초본류이다. 6~7월 꽃잎 위는 진하고 꽃 밑둥은 흰 회청색꽃이 총상화서를 이루면서 피는 꽃이 아름다운 식물이다. 잎은 두껍고 표면이 반짝이며, 뒷면은 약간 회녹색이다. 땅속줄기로 번식하고 내음성이 강해 정원화단의 가장자리에 식재하면 좋다.

옥잠화 / 과명 : 백합과 / 학명 : *Hosta plantaginea*
생육특성 : 중국원산의 다년초이다. 8~9월에 피는 흰색꽃은 향기가 있으면서 아름다워 정원용 식물로 많이 심는다. 꽃은 저녁에 피었다가 다음날 아침에 시드는 특성이 있어 야간에 향기가 특히 강하다. 정원, 가로화단, 연못 주변에 식재하면 좋다.

호스타 '엘레강스' / 과명 : 백합과 / 학명 : *Hosta sieboldiana 'Elegans'*
생육특성 : 초장이 1m이상 자라는 특대형의 다년생 초본류이다. 진록색의 잎이 두껍고 크다. 꽃은 6월에 흰색의 꽃이 핀다. 유럽에서 오래전부터 정원에 가장 많이 심는 식물이다.

원추리 / 과명 : 백합과 / 학명 : *Hemerocallis aurantiaca*
생육특성 : 산지에서 자생하고 있는 다년초이다. 6~8월에 개화하고 환경적응성이 좋아 다양한 곳에 식재할 수 있다. 척박한 토양에서도 잘 자라나 과습한 곳은 피하는 것이 좋다. 정원, 가로화단 등에 군식하면 보기에 좋다. 유럽에는 다양한 원예종이 많이 육종되어 이용되고 있어 원예종을 수집하여 정원에 군식하면 아름다운 정원을 조성할 수 있다.

붓꽃 / 과명 : 붓꽃과 / 학명 : *Iris sanguinea*
생육특성 : 우리나라의 산이나 들에 자생하는 다년초이다. 보라색 꽃이 5~6월에 개화하며 관상가치가 높다. 환경적 응력이 뛰어나 정원, 가로화단, 연못주변 등 식재할 수 있는 범위가 다양하다.

타래붓꽃 / 과명 : 붓꽃과 / 학명 : *Iris pallasii* var. *chinensis*
생육특성 : 산지의 건조한 곳에 군생하는 다년초이다. 뿌리줄기를 뻗어 군락을 형성한다. 보라색 꽃이 5~6월에 피고 잎보다 꽃줄기가 짧다. 잎이 타래모양으로 꼬이면서 자라서 타래붓꽃이라고 한다. 햇빛이 잘 들고 건조한 정원, 암석 정원에 식재하면 잘자란다.

범부채 / 과명 : 붓꽃과 / 학명 : *Belamcanda chinensis*
생육특성 : 들과 산지에 자생하는 다년초이다. 근경이 발달하여 번식하고 7~8월에 피는 황적색의 꽃과 가을의 열매가 아름답다. 정원 또는 가로화단에 식재하면 관상가치도 높고 지면을 피복하는 효과도 좋다. 배수가 잘 되는 척박한 토양에 식재하는 것이 좋다.

구절초 / 과명 : 국화과 / 학명 : *Chrysanthemum zawadskii* spp. *latilobum*
생육특성 : 산기슭에 흔히 자라는 다년초이다. 근경이 옆으로 뻗으며 번식한다. 8~10월에 피는 꽃은 흰색 또는 분홍색으로 관상가치가 높다. 정원이나 가로화단에 군식하여 식재하면 효과적이다. 특별한 관리는 필요 없을 정도로 식물체가 강건하다.

둥굴레 / 과명 : 백합과 / 학명 : *Polygonatum odoratum* var. *pluriflorum*
생육특성 : 산지에서 자라는 다년초이다. 뿌리줄기는 옆으로 뻗으면서 자라고 육질이며 식용 또는 약용으로 쓰인다. 밝은 녹색의 잎이 관상가치가 있으며 양지, 반음지 모두 잘 자란다. 낙엽활엽수 아래 약간 습하면서 반그늘진 곳에 재배하면 좋다.

매발톱꽃 / 과명 : 미나리아재비과 / 학명 : *Aquilegia buergeriana* var. *oxysepala*
생육특성 : 산지의 양지쪽 계곡이나 숲 가장자리의 초원에서 자라는 다년초이다. 보습성 정원 또는 가로화단, 정원석 주변, 낙엽수림아래에 식재하면 좋다. 꽃 색깔이 독특하므로 군식하면 다양한 경관을 연출할 수 있다. 부식질이 많고 배수가 잘 되는 비옥한 토양에서 잘 자란다.

노루오줌 / 과명 : 범의귀과 / 학명 : *Astilbe chinensis*
생육특성 : 산지의 약간 습기가 있는 반음지에서 자라는 다년초이다. 초여름에 피는 분홍색의 꽃이 아름다워 정원의 연못주변이나 낙엽활엽수 아래 많이 심는다. 짧은 뿌리줄기가 옆으로 뻗어 군락을 형성하여 잡초에 비해 세력이 강해 지피효과가 좋다. 그늘지고 습윤한 곳에 식재한다.

삼지구엽초 / 과명 : 매자나무과 / 학명 : *Epimedium koreanum*
생육특성 : 산지의 나무 밑에서 자라는 다년초이다. 원줄기에서 3개씩 갈라진 가지에 각각 3매의 잎이 달려서 삼지구엽초라고 한다. 반음지에 습기가 있는 부식질 토양에서 잘자란다. 봄에 피는 꽃이 아름다워 정원이나 가로화단에 군식하면 좋다. 약용식물로도 이용한다.

복수초 / 과명 : 미나리아재비과 / 학명 : *Adonis amurensis*
생육특성 : 산지의 낙엽수림 아래에서 자라는 다년초이다. 봄에 피는 노란색의 꽃이 아름다워 정원이나 화단에 심는다. 2~4월에 개화하고 5월경 하고 현상으로 관상가치가 떨어지므로 상록성 식물이나 낙엽시기가 늦은 다른 종과 혼식하면 좋다.

층꽃나무 / 과명 : 마편초과 / 학명 : *Caryopteris incana*
생육특성 : 중부 이남의 해안가 산지의 양지바른 곳에서 자라는 다년초이다. 청량한 보라색꽃이 아름다워 정원이나 화단, 척박지에 군식한다. 내습성이 약하므로 배수가 잘 되는 곳에 구절초, 산국, 미역취 등과 혼식하면 좋다. 햇빛이 잘드는 건조하고 척박한 곳에 심는다.

용담 / 과명 : 용담과 / 학명 : *Gentiana scabra* var. *buergeri*
생육특성 : 산지에서 자라는 다년초이다. 가을에 피는 보라색 꽃이 아름다워 정원, 가로화단, 정원석 주변, 분화용, 절화용으로 재배한다. 개화기가 길고 줄기는 직립성으로 자란다. 배수가 잘 되는 사질양토에 심으면 좋다. 뿌리는 약용으로 사용한다.

용머리 / 과명 : 꿀풀과 / 학명 : *Dracocephalum arguense*
생육특성 : 전국의 산지에서 자라는 다년생 초본류이다. 특이한 꽃모양의 꽃이 보라색으로 핀다. 척박지에서도 잘 자라며 내건성이 강해 암석원이나 배수가 잘 되는 정원에 심는다. 햇빛이 잘 들고 배수가 잘 되는 곳에 심으면 좋다.

우산나물 / 과명 : 국화과 / 학명 : *Syneilesis palmata*
생육특성 : 전국의 산지에서 자라는 다년초이다. 우산모양으로 갈라지는 잎모양이 독특하여 정원이나 가로화단에 많이 심는다. 그늘지고 비옥하면서 보습력이 있는 토양에 심으면 좋다. 어린순은 나물로 이용한다.

두메부추 / 과명 : 백합과 / 학명 : *Allium senescens*
생육특성 : 전국의 산지에 자생하는 다년초이다. 분홍색의 꽃이 아름답고 두툼한 잎이 윤기가 나면서 아름다워 정원이나 화단, 정원석 주변, 분화용으로 재배한다. 배수가 잘 되고 양지바른 곳에 심고 여름철 장마기의 습해에 주의한다. 잎과 꽃을 먹을 수 있는 유용한 식물이다.

산마늘 / 과명 : 백합과 / 학명 : *Allium victorialis*
생육특성 : 고산지대 및 울릉도에 많이 자생하는 다년초이다. 전초를 식용할 수 있으며, 특히 잎을 쌈채 또는 나물로 이용한다. 햇빛이 잘들고 배수가 잘 되는 비옥한 토양에 심는다.

산부추 / 과명 : 백합과 / 학명 : *Allium thunbergii*
생육특성 : 전국의 산지에 자생하는 다년초이다. 가을에 피는 자홍색 꽃이 아름다워 정원, 화단의 가장자리, 정원석 주변에 심으면 잘 어울린다. 햇빛이 잘 들고 배수가 잘 되는 곳에 심고 여름철 장마기에 습해에 주의한다. 잎과 꽃을 먹을 수 있는 유용한 식물이므로 주택의 정원에 식재하면 좋다.

상사화 / 과명 : 수선화과 / 학명 : *Lycoris squamigera*
생육특성 : 중부 이남에서 자라는 다년초이다. 잎과 꽃이 서로 볼 수 없다고 하여 상사화라고 한다. 이른 봄에 잎이 자랐다가 초여름에 잎이 죽은 뒤에 꽃줄기가 나와 분홍색의 꽃이 핀다. 배수가 잘 되는 사질토의 정원이나 가로 화단에 군락지어 심으면 좋다.

12장
실내정원

1) 실내정원의 의의

인류문명이 발달하기 시작하면서 도시들은 성장을 거듭하여 더 많은 인구를 수용하고 더 넓은 면적을 차지하면서 도시는 팽창하였다. 도시의 팽창은 도시공간에서 자연이라는 중요한 환경요소를 파괴하였고, 녹지공간의 부족을 초래하였을 뿐만 아니라 도시생활자에게는 실내공간에서의 체류시간을 증가시키기에 이르렀다. 이에 대한 해결 방안으로 도시는 그 내부에 일정비율의 녹지와 공원을 확보하려고 노력하였고 현재에도 하고 있으나, 이 노력은 항상 부족한 주택의 공급, 취약한 기반시설의 확충과 같은 긴급한 혹은 정책입안자들의 긴급하다고 하는 문제에 밀려 진전을 보지 못하고 있다.

녹지의 절대적인 부족을 해결하기 위한 방편의 하나로 옥상정원과 실내정원이 고안되었는데 숲이 있던 자리에 빌딩이 들어섰으므로 이를 보상하기 위해 건물의 꼭대기와 속에 수림을 조성한다는 논리는 간단하고 수긍이 가는 일이다.

과거의 실내정원은 여름에 보던 식물을 겨울에도 감상하기 위하여 집안에 들여놓는 다거나 삭막한 실내를 장식하기 위하여 화분을 나열하는 취미원예 수준이었으나 현재는 대형건물이 건설과 더불어 대규모의 실내수림이 조성되고 있다. 상용건물이나 공공건물에 있어서 실내정원은 건물의 얼굴과도 같아서 식물과 물, 각종재료들이 함께 어우러진 실내 정원은 이용자에게 즐거움을 줄뿐만 아니라 건축물 자체에서 느낄 수 있는 경직된 분위기를 완충시켜 주는 역할을 한다.

실내정원이란 인간이 창조해낸 각종 유형 실내공간에 생명력을 가진 각종 생물과 무생물 소재를 중심으로 디자인의 원리를 공간의 성격에 알맞게 적용하여 보다 기능적이고 경제적이며 아름다운 공간을 창조하여 질 높은 생활을 영위할 수 있도록 하는 종합적인 예술 활동이다.

2) 도시환경과 식물

① 도시환경

산업구조의 대형화와 급속한 발전은 녹지대를 콘크리트 숲으로 만들고, 생활부산물과 자동차의 증가 및 산업 활동 등으로 인한 대기오염, 수질오염, 토양오염, 폐기물 및 에너지 소비증가 등으로 인해 유발되고 있는 환경오염이 심화되고 있다. 또한 도시지역의 기상이나 기후상태는 도시를 둘러싸고 있는 도시주변의 교외지대와 비교해 볼 때 여러 가지 점에서 차이가 있다. 이와 같은 도시구조와 도시 활동에 따라 도시의 미기상은 다양한 형태로 나타난다.

미기상의 특성	주요인	비고
고온화	통풍불량, 배출에너지 증가, 녹지감소, 수로, 수면의 감소	겨울은 좋으나(고온하에 한해서) 여름은 숨쉬기가 곤란하다.
건조화	자연파괴, 콘크리트화, 아스팔트화, 수로, 수면의 감소	분진발생,호흡기 장애의 원인이 된다.
통풍,환기의 악화	도시 거대화, 역전층의 감소, 개방공간, 사적공간의 감소	공기의 질저하와 그 양의 증가가 통풍과 환기불량을 촉진시킴
대기오염	산업공해증가, 자동차보급증가	발생량과 질이 극히 많기 때문에 법적으로 규제해야한다.
수질오염	배출량증가, 수로매립 암거화	유기물등의 침전으로 유독가스발생, 색채변화, 비열의 변화
분진발생의 증가	자동차주행으로 타이어와 콘크리트 등의 마찰, 자연파괴, 건물, 도시시설물 등의 마찰, 풍화, 인간활동에 의한 발생	도시환경 악화의 최대원인이 된다.

도시화에 의한 미기상의 변화

② 도시 내의 식물의 효과

기온이 상승됨으로써 열섬현상이 나타나고, 빗물을 흡수할 수 있는 완충지대가 없어 습도가 저하되어 건조화 현상이 나타나며, 빌딩숲에 의해 방사량이 감소하고, 돌비바람 등이 발생한다. 이와 같은 도시의 특수한 기상환경을 조금이나마 완화할 수 있는 것도 특수 공간 녹화에 이용된 나무들이다. 특수공간에서의 녹화에 의한 미기상의 완화효과로는 기온상승 억제효과로 빌딩의 옥상이나 인공지반 위를 녹화할 경우 녹화하지 않은 경우에 비해 여름낮의 표면온도가 30℃ 정도 차이가 나타났다는 보고가 있다. 습도상승의 효과는 잔디로 피복한 지면위에서 상대습도가 20% 정도 증가하며 실내에서도 같은 효과를 나타내고 있다.

도시의 대기는 자동차의 증가, 에너지사용 증가 및 산업 활동에 따라 옥시던트(oxidants), 질소산화물(NOx), 탄화수소류, 유해한 화학물질 및 분진 등의 대기오염물질의 발생이 증가되고 있다. 이와 같은 대기의 오염원을 줄이는 가장 환경 친화적 여과법은 바이오필터(bio-filter)법이라 할 수 있다. 토양과 물 및 식물을 이용하여 정화시키는 것으로 도시 내에서는 옥상정원이 효과적이라 할수 있다.

도시인들의 하루 생활의 대부분은 회색공간에서 이루어지고, 생활의 편리함을 추구함으로서 인간의 감수성을 잃어버리는 등 테크노 스트레스에 시달리고 있다. 이와 같은 도시생활자는 성신석 밸런스를 잊기 위해 쾌적한 생활공간을 추구하게 된다. 이때 초록의 녹색공간을 찾게 되는데 녹색을 봄으로써 눈의 피로감소, 정신노동 및 긴장감을 완화시켜 정신의 안정화와 더불어 육체적 피로를 회복시킨다. 식물을 이와 같은 정신치료법으로써 활용할 수 있으며 도시의 녹지대 형성에도 크게 기여할 수 있다.

3) 식물과 인간

① 녹색이 주는 효과

색채는 심리적이며, 즉흥적인 기분에 좌우되는 경향이 짙은 자극요소로서 인간의 오감 중 가장 많은 영향력을 가지고 있는 시각의 대부분을 차지하고 있다. 녹색이 우리에게 주는 연상과 그로인해 발현되는 느낌은 안정된 색이다. 따라서 모든 색 중에서 가장 차분한 느낌을 주기 때문에 가장 편안한 색이다.

구상적 연상	나뭇잎, 신호등, 산림, 신록, 에메랄드, 식물, 초원, 야채잎, 엽록소, 잔디, 풀, 수풀, 산
추상적 연상	평화, 안정, 희망, 안심, 생명, 온화, 경쾌, 정의, 신비, 건강, 안식, 성실, 침착, 성장, 재생, 신선함, 청춘

녹색의 연상작용

녹색은 조화와 균형을 상징하는 색으로 희망, 회복, 평화를 나타내며 기품 있고 성실한 사람들이 좋아 하는 것으로 알려져 있다. 이러한 녹색이 인체의 생리적 변화에 미치는 영향을 간단히 추려보면 다음과 같다.

· 혈액 히스타민 수치가 올라간다.	· 비만세포와 호염기성체를 안정시킴
· 음식물에 대한 알레르기 감소	· 음식첨가제에 대한 초과민성이 약화됨
· 글루탐산에 대한 민감 반응의 약화	· 시각의 정확도를 향상시키는 시계 화합물이 생성됨
· 항원과 그 외 알레르기 인자들의 자극시 비만세포와 호염기성체로부터 히스타민 분배가 억제	· 습진, 설사, 위장질환 등으로 인한 고통이 감소되고 지속기간 감소

또한 녹색은 위로, 치료, 평화, 시원함을 나타내며 심신이 지친 사람들에게 휴식과 위안을 주는 치료능력을 가지고 있다. 녹색이 치료하는 신체적 기능장애는 천식, 후두염, 척추장애, 말라리아, 복통, 악성종양, 단독, 정신질환, 탈진, 신경통, 건초열, 과다자극, 심장질환, 매독, 치질, 장티푸스, 불면증, 궤양, 성급함, 성병 등이다. 녹색은 눈의 피로를 격감시켜주고, 생리적으로나 심리적으로 긴장감을 완화시켜주는 효과를 나타낸다. 정신병 환자들이 선호하는 색채의 순서는 청색〉녹색〉적색)의 순이며, 불안신경증 환자는 특히 녹색계통을 좋아한다는 보고가 있다.

색이란 빛에 의해서 우리 눈으로 느끼는 감각으로, 인간이 감각할 수 있는 가시광선 영역(380～780mm)에 제한되어져 있다. 이파장 영역에서 우리가 물체의 색을 감지할 수 있는 것은 과원으로부터 물체에 광이 투과되거나 반사된 후 눈의 망막에 도달하여 자극을 발생시키고, 그 자극이 시신경을 통해 대뇌에 전달되므로 색감을 일으키게 된다.

이러한 녹색은 생명과 젊음 그리고 희망을 상징하며, 최근에는 green amenity, 순수, 깨끗함, bio- 라는 의미로 더욱 각광받고 있다.

② 식물이 인간에게 주는 일반적인 효과

· 선형, 색채 등 미적, 장식적 효과.	· 휴식공간을 제공하며 장식의 효과.
· 식물고유의 방향성 냄새와 꽃향기를 제공함으로써 기분이 좋다.	· 취미활동과 여가활동의 장을 마련해주는 기능.
· 풍부한 녹색환경은 인간의 피로회복 속도를 빠르게 하고 안정감을 준다.	· 실내식물의 재배관리는 교육효과가 크다.
· 공간분할 및 공간구획과 동선유도를 한다.	· 식물재배관리의 몰두로 불안, 초조, 긴장해소.
· 차폐효과와 사생활 보호.	· 창의력과 자아표현 및 창조적 표현의 증진.
· 건축재료의 경직성 완화기능(녹색의 건축재료).	· 인내심과 자제력을 증진.
· 실내온도조절, 습도조절을 하며 여름에는 시원함을 제공.	· 계획성, 준비성, 인내성, 성실성, 근면성, 정직성, 판단력을 배움.
· 실내에 소음을 경감(방음).	· 관찰력과 신비감이 생기고 자기의 존재를 일깨워 주고 겸손함을 갖게 함.
· 실내 산소공급 및 공기정화 역할.	· 재배하면서 관찰 결과 감수성이 예민해짐.
· 유해전자파 흡수와 음이온 발생으로 건강에 좋다.	· 정신을 건강하게 함.
· 실내원예식물의 이동으로 분위기 전환이 가능.	· 식물을 재배하면서 긍정적이고 자신감을 갖게 함.
· 시각적으로 감상적이고 기능적이며 안정성을 도모.	· 장래의 희망과 기대감, 기쁨, 보람을 줌.
· 식물에 따라 동심유발 또는 이국적 분위기 창출.	· 식물의 일생을 재배를 통해 자립정신을 가짐.
· 환경개선의 비용이 다른 재료에 비해 저렴하다.	· 관상녹색으로 인한 평안감과 피로회복.
· 실내가구와 기타 시설물의 경직성을 완화.	· 관리와 재배작업을 통해 주의와 집중을 시키고 소중함과 참사랑을 깨닫게 한다.
· 작업능률의 증진과 스트레스를 경감.	· 계획성, 준비성, 인내성, 성실성, 근면성, 정직성, 판단력을 배움.
· 환경적인 면에서의 쾌적성 기능을 가진다.	· 식물의 수동적 인식은 대뇌 알파파를 증가시킴.

4) 식물과 환경

자연경관에서 식물들이 어우러져 있는 곳을 우리는 숲이라고 한다. 숲은 자연의 아름다운 형태와 기능이 가장 잘 표출된 모델이다. 숲속의 나무는 뿌리로부터 흡수하는 물과 대기 중에 있는 이산화탄소, 그리고 태양으로부터 오는 광 에너지를 이용하여 신선한 산소와 에너지원을 제공한다. 지구상의 모든 생물은 식물로부터 음식물을 취하고 산소로 호흡함으로써 생명을 유지하고 있는 것이다. 이러한 숲이 어떠한 기능에 의해 인간의 보건을 증진시키는지 살펴보자.

① **식물의 공기정화기능**

- **산소공급과 CO_2 정화**

인류의 생활이 발전 할수록 화석연료의 사용량은 증가되며, 연소 시 방출되는 CO_2는 생태계에서 전량이 순환되지 못하고 대기 중에 정체되어 최초 100년 동안 대기 중 CO_2농도를 14%나 증가시켰다고 한다. 또 CO_2 증가는 지구의 온실효과에서 하나의 요인으로 작용하고 있는데, 이러한 CO_2와 각종 대기오염물질을 정화시킬 수 있는 것은 녹색식물이다. 녹색식물은 거대한 광합성 공장으로 인간의 생활에서 배출되는 폐기물인 CO_2를 흡수하고 대신 인간에게 산소를 공급해 주는 절대적으로 필요한 존재이다. 지금까지 보고된 우리나라 삼림의 1ha에서 생산되는 산소의 양은 연간 10t, 흡수하는 CO_2는 약 15t 정도가 된다고 한다. 인간은 하루 약 0.75kg의 산소가 필요한데 천만의 서울인구가 연간 필요한 산소의 양은 약 274만으로 식물이 이러한 양을 배출하려면 이에 해당하는 삼림의 면적은 1,800km^{2}가 된다.

- **공기정화 기능**

숲은 시끄러운 소음을 조절하고, 물과 대기를 정화시키며, 온도, 햇빛, 바람 등의 미기후를 조절한다. 또한 숲과 다른 생태환경과의 먼지 흡착률을 보면, 풀이나 나무, 숲을 통과하면서 많은 먼지들이 정화되는 것을 볼 수 있으며, 공기 중에 함유된 먼지 입자수에 있어서도 공업지역, 대도시 및 숲속과 많은 차이를 보이고 있다.

환경구분	농경지	잔디밭	관목숲	울창한숲
농경지에 대한 흡착률	1	2	20	200배

숲과 다른 생태환경의 먼지 흡착률 비교

환경구분	공업지대	대도시	숲
공기 1ℓ 당 먼지수	500,000	100,000	500~2,000
먼지수 비교	250~1,000배	50~200	1
청정도 비교	1	50~200	250~1,000배

숲과 다른 생태환경의 공기 중에 함유된 먼지 입자 수

- **음이온의 발생**

최근 식물에 의한 삼림욕 혹은 이온욕의 효과가 보고되어 많은 연구자들로부터 관심이 집중되고 있다. 즉 삼림 1ha는 1일 310피톤치드(phytoncid)를 공기 중에 방출하는 능력이 있으며, 이것은 살충효과 뿐만 아니라 인간에게 회복력을 주는 원예치료의 효과도 있다. 특히 지표면 부근에서 생성되는 피톤치드는 주위의 공기를 마이너스화 하여 쾌적감을 상승시킨다고 보고된 바 있다. 공기이온이란 대기 중의 부유미립자가 전기를 띤 것으로 그 운동도에 따라 대·소이온으로 나눌 수 있으며, 소이온에는 양 또는 음으로 전기를 띠고 있는 양이온과 음이온이 있다. 양이온에는 신경통이나 뇌졸증 등을 일으키는 작용이 있고, 음이온은 사람에게 쾌적감을 주어 건강증진에 효과적이다. 또한 식물이 있는 자연공간에는 음이온이 많고, 식물이 적은 비자연 공간에는 양이온이 많이 존재하며, 건강유지를 위해서는 공기 1cm²중에 약 400~1,000개의 음이온이 있는 것이 바람직하다.

(단위:개/cm²)

환경	음이온의 양	숲과의 비교
도회지 실내	30~70	1
도회지 실외	80~150	1.1~5
교외	200~300	2.8~10.0
산야	700~800	10.0~26.7
숲	1,000~2,200	14.3~73.3
인체 수요량	700	

대기환경 중에 포함된 음이온의 양(입자의 수)

· **휘발성물질의 방출**

삼림 내에 들어가면 상쾌해지고 마음이 안정되는 것은 식물에서 발생되는 휘발성 물질이 있기 때문이다. 휘발성물질의 대표적인 것이 테르펜(terpene)이다. 테르펜은 식물에 의해 생성되는 것으로 여러 개의 이소프렌(isoprene, C_5H_8)이 모여서 된 탄화수소의 일종으로 지금까지 약 140종류 이상이 알려져 있다. 테르펜류는 박테리아, 곰팡이, 기생충, 곤충 등을 죽이거나 이들의 발육과 증식을 억제하는 작용을 한다. 테르펜류는 인체에 흡수가 잘되며, 진정효과와 같은 작용을 하여 정신건강유지에 큰 역할을 한다. 이러한 테르펜은 수목의 성장이 왕성한 봄철과 2차 성장기인 가을, 그리고 녹음이 짙은 여름철 중 기온이 높고 맑으며 바람이 불고 상대습도가 높은 날에 활발히 발산된다.

5) 실내정원의 범위

실내정원은 사람이 만들어낸 건축공간을 대상으로 벌이는 조경 활동으로써 그 범위는 실내와 실외의 전이 구간이라고 일컬어지고 있는 현관으로부터 거실, 침실, 부엌, 화장실, 베란다, 발코니 등에 이르기까지의 각종 실내공간을 대상으로 한다.

실내정원은 건축적인 요소와 디자인적인 요소가 상호 연관되어 있고 특히 화훼식물들을 주된 재료로 이용하게 되므로 원예가, 조경가, 건축가 그리고 실내공간 디자이너가 서로 긴밀하게 협조하여야 좋은 작품을 창출해 낼 수가 있다.

실내정원 전문가로서 갖추어야 할 자질 중에서 가장 중요한 것은 실내라는 공간상의 제약조건과 실내 환경이라는 특이한 조건에 관하여 절대적인 이해가 필요한 것이다.

6) 실내정원의 효과

① 심리적

심리적인 만족감으로 원래의 고향인 자연을 상실하고 콘크리트의 상자 속에서 살아가는 도시민에게 실내의 수림과 연못은 귀향의 감흥과 안도감을 가져다준다. 대부분의 빌딩내부를 장식하는 강철, 유리, 콘크리트, 석재는 그 디자인의 세련됨에도 불구하고 자재가 내포하는 무기적 본질 때문에 메마른 공간을 형성하는 경향이 있다. 조경수목은 여기에 생명을 불어넣어 주는 활력소의 역할을 수행한다. 심리적 만족감은 자연귀의에서 뿐만 아니라 미적 감정의 발흥에서도 온다. 아름답게 꾸며진 정원은 기능공간으로서 뿐만 아니라 예술작품으로 관상의 대상이 되며, 이는 마치 미술관에서 명작을 감상할 때와 같은 미적 감흥을 발동케 하여 피곤과 긴장을 해소시킨다. 인간은 녹색의 공간에서 피로회복 속도가 빠르고 안정감을 주는 심리적 효과가 있어 빌딩 근무자의 생산성을 향상시키고 상업용 건물의 경우 매출액을 증가시키는 수단으로 인식되어 가고 있다.

② 건축적 효과

조경수목과 구조물들은 서로 성격이 다른 공간들을 분할하여 경계를 구분지어 줌으로써 특정한 공간이 고유의 기능을 가지도록 하며 이용자의 동선을 유도하여 흐름이 자연스럽고 질서를 유지시켜 주는 기능이 있다. 또한 공간분할에서 더 나아가 조경요소는 독자적인 위요 공간(enclosed space)을 형성한다. 이 공간들은 휴식, 모임, 행사 등의 목적을 위하여 조성되고, 시계를 부분적으로 차단시켜서 사생활(privacy)의 노출을 막아주는 기능도 있는데 이러한 수법은 최근 레스토랑이나 고급 서양식 음식점에서 많이 이용하고 있는 수법이기도 하다. 수목에 둘러싸인 물과 벤치가 있는 공간은 휴식을 위한 것이고, 소 광장은 모임과 행사를 위한 것이다. 창가의 테이블은 햇빛을 가려줄 나무가 필요하며 밝은 빛으로 인한 눈부심과 남의 시선을 막아주는 차광·차폐의 역할을 수행한다. 방향성을 제시하는 수목과 구조물은 동선을 유도하여 통행에 혼동을 없애 주고, 하나의 공간으로부터 다른 공간에 이르는 동선 변에는 선형요소가 방향의 명료성을 부여해주고 원하지 않는 방향으로의 진입을 통제하는 기능을 수행한다.

③ 환경조절 효과

조경수목과 수경요소는 실내 기후조건을 향상시킨다. 식물 잎으로부터의 증산작용과 수경요소로부터의 수분의 증발은 건조한 실내공기를 습윤하게 가습하는 효과를 발휘하여 겨울철 난방으로 인해 30% 이하로 내려가는 실내습도를 상승시켜 준다. 직사광선이나 조명에 의하여 반사되는 광선을 약화시키거나 차단시키며, 식물의 잎은 미세한 먼지 입자를 흡착하고 탄소동화작용 시 탄산가스를 흡수하여 공기를 정화하고 산소를 공급해 준다. 실내에는 탄산가스 외에 여러 가지 유해가스가 있는데 대개는 실내장식 마감재나 양탄자 등에서 발생하고 환기가 불량하면 그 농도가 심해져 두통과 안질 등을 유발한다. 식물이 유해가스들을 흡수·분해하여 양분의 원료로 이용하는 것으로 밝혀졌는데, 대표적인 실내유해가스인 벤젠, 포름알데히드, 트라이클로로에틸렌이 포함된 밀폐공간에서 스킨답서스가 유해물질의 90%를 24시간 이내에 제거하였다는 보고가 있다. 따라서 실내정원은 심리적 안정감과 더불어 밀폐공간에서 제한된 공기를 재순환하고 정화할 수 있는 능력으로 인해 환기문제 해결의 중요한 방향으로 기대를 모으고 있다.

7) 실내식물 가꾸기

① 식물생육에 적합한 장소

대부분의 실내공간은 온대나 한대지방의 식물을 기르기에는 적합하지 않아 대부분 열대지방이나 아열대 지방이 원산지인 식물들을 기르고 있다. 이러한 식물의 특징은 높은 온도와 공중습도를 좋아하고 빛이 부족한 곳에서도 잘 견디는 특징을 가지고 있다. 또한 종류가 매우 많고 자라는 환경도 다양하기 때문에 식물종류별로 알맞은 환경에서 기르는 것이 필요하다. 원산지가 외국인 실내식물을 잘 기르려면 식물의 생육조건에 가장 적합한 장소를 찾아 주는 것이 가장 중요하다고 할 수 있다. 식물들은 오랜 세월 자생지의 환경에 적응하면서 살아왔기 때문에 원산지가 아닌 다른 기후 조건에서 건강하게 자라기는 쉽지 않다. 따라서 우리가 실내에서 식물을 기를 때 식물의 원산지 생육환경을 알고 그 환경과 가장 알맞은 환경을 찾아서 가꾸는 것이 가장 좋은 방법이다.

② 빛의 세기에 따른 관엽식물 종류

- **햇빛이 잘 드는 곳(3000~5000Lux)** : 벤자민 고무나무, 켄차야자, 유카 등

벤자민고무나무 / **과명** : 뽕나무과 / **학명** : *Ficus benjamina*
생육특성 : 대표적인 관엽식물로 실내 환경에서 잘 자라고 실내분위기를 부드럽게 해준다. 비옥한 토양에 심고 토양이 말랐을 때 물을 준다.

켄차야자 / **과명** : 야자과 / **학명** : *Howea forsterana*
생육특성 : 자생지에서는 대형의 야자식물로 상가나 빌딩의 실내용 식물로 식재하여 이용하였으나, 근래에는 중대형 화분에 식재하여 실내용 관엽식물로 이용하고 있다. 생장이 느리고 어두운 실내에서 잘 자란다. 배수가 잘 되는 토양에 식재하고, 너무 건조하거나 과습하지 않게 관리해 준다.

유카 / **과명** : 용설란과 / **학명** : *Yucca elephantipes*
생육특성 : 환경이 좋지 않은 곳에서도 잘 자란다. 노지의 양지에서 재배하면 좋지만 어두운 실내에서도 잘 견딘다.

• **밝은 곳(2000Lux 이상)** : 알로카시아, 칼라디움, 드라세나, 공작야자, 크로톤, 소철, 네프롤네피스 등

알로카시아 / **과명** : 천남성과 / **학명** : *Alocasia x amazonica*
생육특성 : 열대아시아 원산의 실내 관엽식물이다. 20℃ 이상에서 재배하여야 생육이 정상적으로 되고 아름다운 잎을 유지할 수 있다. 저온에 약한 식물로 온도만 유지해 주면 유지관리에 어려운 점은 없는 식물이다.

칼라디움 / **과명** : 천남성과 / **학명** : *Caladium* spp.
생육특성 : 열대 아메리카 자생종의 교잡 품종으로 화려한 잎색을 가진 잎이 아름다운 관엽식물이다. 추위에 약하므로 겨울철 온도관리에 주의한다. 아름다운 엽색을 유지하기 위해서는 밝은 곳에서 재배한다.

드라세나 / 과명 : 용설란과 / 학명 : *Dracaena concinna* 'Tricolor rainbow'
생육특성 : 드라세나 속은 다양하고 많은 품종이 있다. 환경이 좋지 않은 곳에서도 잘 자라서 실내 관엽식물로 많이 이용되고 있다. 소형종으로 잎 전체에 붉은색과 노란색 띠가 퍼져 있어 녹색부분이 거의 없는 품종이다. 소형 분화식물로 많이 이용되고 있다.

공작야자 / 과명 : 야자과 / 학명 : *Caryota mitis*
생육특성 : 동남아시아 원산의 관엽식물로 비교적 큰 실내에 이용되고 있다. 햇빛이 잘드는 밝은 장소에서 잘 자라고 온도와 습도가 높은 곳을 좋아한다. 음지이거나 건조한 곳에서는 잎 끝이 마르기도 한다.

크로톤 / 과명 : 대극과 / 학명 : *Codiaeum variegatum* var. *pictum*
생육특성 : 남부인도, 실론, 말레이시아원산의 잎이 아름다운 관엽식물이다. 빛이 충분한 곳에서 재배해야 엽색이 선명해진다. 배수가 잘 되는 혼합토가 좋으며, 높은 광도와 온도, 습도를 요구한다.

소철 / 과명 : 소철과 / 학명 : *Cycas revoluta*
생육특성 : 중국 및 일본남부 원산의 겉씨 식물이다. 식물체가 아주 강건해서 별다른 관리 없이 잘 자라는 실내 식물이다. 유기질이 많은 양토가 좋으며, 토양이 너무 과습하지 않게 관리해 준다. 잎 끝이 뾰족하여 찔릴 수 있어서 통로 부근보다 안쪽으로 식재하는 것이 좋다.

네프롤네피스(보스턴고사리) / **과명** : 고란초과 / **학명** : *Nephrolepis exaltata*
생육특성 : 열대지방 원산의 소형 실내 관엽식물이다. 주로 공중걸이 분으로 많이 이용한다. 습한 곳을 좋아하므로 건조하지 않게 관리해주어야 한다. 물관리만 잘해주면 실내에서 손쉽게 기를 수 있는 식물이다.

- **반쯤 그늘진 곳(1000~2000Lux)** : 테이블야자, 군자란, 디펜바키아, 몬스테라, 안스리움, 싱고니움, 쉐프레라 등

테이블야자 / **과명** : 야자과 / **학명** : *Chamaedorea elegans*
생육특성 : 멕시코, 과테말라 원산의 소형 야자식물이다. 실내에서 잘 자라는 소형 관엽식물로 처음 식물을 기르는 분들도 기르기 쉬운 식물이다. 배수가 잘 되는 사질토양에 식재하고 어두운 곳에서도 잘 자라나 모양을 유지하기 위해서는 어느 정도 밝은 곳에서 기르는 것이 좋다.

군자란 / **과명** : 수선화과 / **학명** : *Clivia miniata*
생육특성 : 남아프리카 원산의 꽃과 포기전체의 자태가 아름다운 실내식물이다. 군자란이라는 이름 때문에 난과 식물로 오해하는 경우가 많으나 군자란은 난과 식물이 아니다. 겨울철 10℃ 이상 되는 온도에서 재배하고, 다소 건조하게 관리해 준다.

디펜바키아 / **과명** : 천남성과 / **학명** : *Dieffenbachia amoena*
생육특성 : 열대아메리카 원산으로 중형의 대표적인 관엽식물이다. 관리가 비교적 용이하지만 겨울철 온도관리에 주의한다. 식물체내에 칼슘옥살레이트 결정이 있어 씹으면 일시적으로 심한 통증을 일으키므로 어린이가 있는 장소에서는 주의한다.

몬스테라 / 과명 : 천남성과 / 학명 : *Monstera deliciosa*
생육특성 : 멕시코, 중앙아메리카 원산의 이국적인 큰 잎을 가진 덩굴성 관엽식물이다. 수변 주변이나 넓은 실내에 시원한 경관을 연출할 수 있는 대형 식물로 겨울철 저온과 건조에 주의하여 주면 실내에서 재배하기 용이한 식물이다.

안스리움 / 과명 : 천남성과 / 학명 : *Anthurium andraeanum*
생육특성 : 열대아메리카 원산의 교잡품종으로 포엽을 관상하는 실내 분화식물이다. 습도 유지가 가장 중요한 생육 환경으로 항상 축축하게 유지해주는 것이 좋다. 통기성과 보습성이 좋은 수태에 식재하고 건조하면 분무기로 잎에 자주 분무해 주는 것이 좋다.

싱고니움 / 과명 : 천남성과 / 학명 : *Syngonium podophyllum*
생육특성 : 열대아메리카 원산으로 화살촉 같은 모양의 잎이 아름다운 덩굴성 관엽식물이다. 토양을 건조하지 않고 습하게 관리하여 주고 겨울철 온도관리에 주의한다. 18℃ 이상의 야간온도가 최적의 생육 온도이다.

쉐프레라 / 과명 : 두릅나무과 / 학명 : *Schefflera arboricola* 'Hong Kong'
생육특성 : 동남아시아 자생종의 원예품종으로 실내에서 많이 이용하는 관엽식물이다. 햇빛을 좋아하므로 밝은 곳에 두고, 겨울철 10℃ 이상 유지해 주어야 한다. 관리할 때 고온다습한 환경을 유지해주는 것이 좋다.

• **그늘진 곳(1000Lux 정도)** : 헤데라, 스파티필럼, 접란, 필로덴드론, 엽란, 팔손이 등

스파티필럼 / **과명** : 천남성과 / **학명** : *Spathiphyllum* spp.
생육특성 : 열대아메리카 원산으로 실내정원에 많이 이용하는 관엽식물이다. 하얀 포엽을 오랫동안 관상할 수 있고, 낮은 습도와 음지에서도 잘 자란다. 배수가 잘 되는 배양토에 식재하고 항상 수분을 유지해주어야 한다. 겨울철 12℃ 이상 유지해 주어야 한다.

헤데라(아이비) / **과명** : 두릅나무과 / **학명** : *Hedera helix*
생육특성 : 유럽, 서아시아, 북아프리카 원산의 덩굴성 관엽식물이다. 다양한 모양과 무늬가 있는 품종들이 많이 개발되어 실내식물로 이용하고 있다. 유기물이 풍부한 배양토에 식재하는 것이 좋다. 통풍이 잘되고 시원한 곳에서 기르는 것이 좋다. 남부지방에서는 실외 정원용 지피식물로 이용된다.

접란 / **과명** : 백합과 / **학명** : *Chlorophytum comosum* 'Vittatum'
생육특성 : 남아프리카 원산으로 잎이 부드러운 곡선으로 아름다워 실내에서 많이 기르는 관엽식물이다. 실내에서 기르기 쉬운 식물로 특별한 관리가 요구 되지 않는다. 겨울철 10℃ 정도의 온도에서도 잘 자라나 여름철 고온다습한 환경에서 잎이 시들고 생육이 좋지 않는 경우가 있으므로 여름철 관리에 주의한다.

필로덴드론 / **과명** : 천남성과 / **학명** : *Philodendron selloum*
생육특성 : 브라질 남부 원산의 실내 관엽식물이다. 배수가 잘 되는 배양토와 따뜻하고 습한 환경에서 잘 자란다. 내한성도 비교적 강해 2℃ 정도의 저온까지 견딘다.

엽란 / 과명 : 백합과 **/ 학명 :** *Aspidistra elatior*
생육특성 : 중국, 일본 원산으로 실내에서 잘자라는 관엽식물이다. 유기물이 들어간 배양토에서 잘자란다. 실내에서 특별한 관리없이 잘자라는 실내식물로 쉽게 기를 수 있다.

팔손이 / 과명 : 두릅나무과 **/ 학명 :** *Fatsia japonica*
생육특성 : 우리나라 남부지방 섬에 자생하는 상록관목류이다. 생장이 빠르고 추위에도 강해 베란다나 겨울철 난방을 하지 않는 실내에서도 재배할 수 있는 실내식물이다. 적당한 습윤상태를 유지해주는 것이 좋아 물을 충분히 주고 건조하면 잎에 스프레이 해주는 것이 필요한다.

③ 온도에 따른 관엽식물 종류

- **10~15℃ 이상의 비교적 높은 온도에서 월동하는 종류 :** 아글라오네마, 알로카시아, 안스리움, 아펠란드라, 칼라데아, 크로톤, 콜럼네아, 핏토니아, 네펜데스, 스킨답서스 등

아글라오네마 실버 킹   알로카시아   안스리움

아펠란드라   칼라데아 마코야나   크로톤

| 콜럼네아 | 피토니아 | 스킨답서스 |

- 5~10℃에서 월동할 수 있는 종류 : 아디안텀, 에스키난더스, 아나나스, 공작야자, 테이블야자, 디펜바키아, 디지코데카, 드라세나, 고무나무, 구즈마니아, 켄차야자, 호야, 몬스테라, 네프롤네피스, 파키라, 페페로미아, 필로덴드론, 산세베리아, 스파티필름, 싱고니움, 틸란디시아, 제브리나 등

아디안텀	에스키난더스	아나나스
공작야자	테이블야자	디펜바키아
디지코데카	드라세나 맛상게아나	수박 페페로미아
고무나무	구즈마니아	켄차야자

호야	몬스테라	네프롤네피스
파키라	필로덴드론 라임	산세베리아
스파티필럼	싱고니움	틸란디시아

- 0~5℃에서 월동 할 수 있는 종류 : 아라우카리아, 알로에, 접란, 코르딜리네, 푸밀라, 고무나무, 헤데라, 훼닉스야자, 관음죽, 쉐프레라, 팔손이, 산호수 등

| 아라우카리아 | 알로에 | 접란 |
| 코르딜리네 | 뿌비라 | 꼬무나무 |

12장 실내정원 | 177

④ 수분 요구도에 따른 관엽식물 종류

· **배지가 항상 젖어 있어도 되는 종류 :** 아디안텀, 안스리움, 아펠란드라, 아라우카리아, 테이블야자, 접란, 크로톤, 코르딜리네, 드라세나, 고무나무, 구즈마니아, 몬스테라, 파키라, 필로덴드론, 필레아, 스파티필럼, 제브리나, 스킨답서스 등

고무나무 구즈마니아 몬스테라
파키라 필로덴드론 필레아
스파티필럼 제브리나 스킨답서스

- **배지의 표면이 건조하면 관수하는 종류** : 아에스키난서스, 아글라오네마, 알로카시아, 쉐프레라, 디펜바키아, 헤데라, 호야, 페페로미아, 관음죽, 싱고니움, 틸란디시아, 유카 등

에스키난서스 아글라오네마 알로카시아
쉐프레라 헤데라 디펜바키아

호야   페페로미아   관음죽

싱고니움   틸란시아   유카

- 배지표면에서 1~2cm 말랐을 때 관수하는 종류 : 알로에, 러브체인, 디지코데카, 산세베리아, 세덤 등

알로에   러브체인   디지코데카

산세베리아   세덤   크라슐라

13장
옥상정원

1) 옥상정원

옥상정원은 현대 도시의 빌딩 숲으로 인한 도시지가 상승과 함께 녹색화의 공간부족현상으로 옥상의 평면 공간에 조경식물을 식재하여 녹화하는 것을 말한다. 즉 건축물의 구조물위에 지상의 일반정원과 같이 조성하는 것으로 고층건물의 지붕위에 조성하여 그린공간이 적은 도시에서 녹색식물을 보기 위한 것이다. 옥상정원은 지붕위에 조성하기 때문에 대부분의 사람들이 정원이 있으리라 생각하지 않는 것에 있어 신비감을 더해주며, 지면에서만 볼 수 없었던 그린공간이 건축물 위에 있으므로 도시 한복판에서도 대자연을 관상할 수 있다는 장점이 있다.

2) 옥상정원의 필요성

옥상정원의 큰 목적은 녹색공간의 부족현상으로 도시민의 정서가 각박해지고 날로 심해져 가는 도시의 공해를 해소하려는 목적이 있다. 우리나라의 경우 1998년 전국토의 9.7%에 해당하는 72개 도시에서 전체 인구의 약 79%에 해당하는 3700만 명이 밀집하는 도시화가 진행됨으로써 촉발된 도시개발은 경제성의 논리 하에 자연의 훼손을 가져오는 개발행위가 합리화되고, 공단개발, 도로건설, 택지개발 등의 인공 공간 건설이 대다수를 차지하여 녹지와 같은 환경공간의 절대적인 감소와 부족을 초래하였다. 즉 도시에서의 생활은 자연지반의 토지이용에서 인공지반의 토지이용으로 급격한 변화를 거치게 되었다.

이러한 인공지반의 도시공간은 매연과 공해, 산업폐기물 등을 유발하여 도시의 물, 공기, 토양 등의 오염을 초래하였고 도시기후가 변화되는 등 심각한 환경문제를 야기하였다. 이러한 위기상황에서 이제는 도시의 환경복원을 위한 새로운 발상의 전환과 대책이 강구되어야 할 것이다.

3) 도시 내의 식물의 효과

기온이 상승됨으로써 열섬현상이 나타나고, 빗물을 흡수할 수 있는 완충지대가 없어 습도가 저하되어 건조화 현상이 나타나며, 빌딩 숲에 의해 방사량이 감소하고, 돌비바람 등이 발생한다. 이와 같은 도시의 특수한 기상환경을 조금이나마 완화할 수 있는 것도 특수 공간 녹화에 이용된 나무들이다. 특수공간에서의 녹화에 의한 미기상의 완화효과로는 기온상승억제효과로 빌딩의 옥상이나 인공지반 위를 녹화할 경우 녹화하지 않은 경우에 비해 여름 낮의 표면온도가 30℃정도 차이가 나타났다는 보고가 있다. 습도상승의 효과는 잔디로 피복한 지면 위에서 상대습도가 20%정도 증가하며 실내에서도 같은 효과를 나타내고 있다.

도시의 대기는 자동차의 증가, 에너지사용 증가 및 산업 활동에 따라 옥시던트(oxidants), 질소산화물(NOx), 탄화수소류,. 유해한 화학물질 및 분진 등의 대기오염물질의 발생이 증가되고 있다. 이와 같은 대기의 오염원을 줄이는 가장 환경친화적 여과법은 바이오필터(biofilter)법이라 할 수 있다. 토양과 물 및 식물을 이용하여 정화시키는 것으로 도시 내에서는 옥상정원이 효과적이라 할 수 있다.

도시인들의 하루 생활의 대부분은 회색공간에서 이루어지고, 생활의 편리함을 추구함으로서 인간의 감수성을 잃어버리는 등 테크노스트레스에 시달리고 있다. 이와 같은 도시생활자는 정신적 밸런스를 얻기 위해 쾌적한 생활공간을 추구하게 된다. 이때 초록의 녹색공간을 찾게 되는데 녹색을 봄으로써 눈의 피로감소, 정신노동 및 긴장감을 완화시켜 정신의 안정화와 더불어 육체적 피로를 회복시킨다. 식물을 이와 같은 정신치료법으로써 활용할 수 있으며 도시의 녹지대 형성에도 크게 기여할 수 있다.

4) 옥상의 환경과 구조 및 시설물

서울의 경우만 보더라도 도시림의 면적이 전체의 30%에 달하는 것으로 보고되고 있으나 대부분 도시외곽에 위치하여 도심의 녹지는 전 면적의 10% 미만에 불과한 실정이다. 더욱이 인구밀도가 세계 1위를 기록할 뿐만 아니라 지가 또한 대단히 높은 수준으로 서울과 같은 국내 대도시의 여건을 고려해 볼 때, 도심 지역에서 녹지공간을 확보한다는 것은 현실적으로 매우 어려운 일이 아닐 수 없다. 따라서 도시 내 불용 공간으로 방치되다시피 한 인공지반을 녹지공간으로 활용하는 것이 유일한 해결의 실마리가 될 수밖에 없다.

이중에서도 대표적인 인공지반인 옥상면적을 보면 서울의 경우 1980년 이후 건축허가를 받은 건물의 총 옥상면적은 600만평이며, 이중에 정원을 용이하게 행할 수 있는 평슬라브 지붕은 360만평에 달하고 있다. 그러나 이중에는 옥상정원이 가능한 적재하중 500kg/m² 이상으로 축조되지 않은 건물이 대부분으로 대체로 적재하중 200kg/m² 이상이기 때문에 경량형의 옥상녹화 기술개발이 필요하며 아울러 관리비용이 적게 들고 전면적 녹화가 가능한 옥상조경 기술개발이 필요하다.

결과적으로 옥상환경이 매우 열악하지만 지상층에 녹지 확보가 이미 한계에 도달한 한국의 대도시가 지닌 도시환경적 문제를 해결하기 위해서는 경량형 옥상정원 조성기술의 개발이 시급하다고 하겠다. 따라서 연못이나 교목류의 식재로 이루어진 중량형 보다는 야생초화류 및 약간의 관목류나 경량 소재의 조립형 구조물 등으로 이루어진 경량형 옥상정원이 적합하다고 볼 수 있다.

5) 옥상정원 시공 시 고려 사항

① 배수

옥상 환경에서 빗물은 배수구를 통해서만 배출이 된다. 따라서 우수를 배출구로 유도하지 못하면 식재 기반층 전체가 물에 잠기고 토양이 유실될 가능성이 있다. 옥상정원을 시공할 때 최우선으로 고려해야 할 사항이 배수능력이 탁월한 배수 시스템을 적용하는 것이 무엇보다 중요하다고 할 수 있다.

② 바람

옥상 정원을 조성할 때 하중을 고려하여 토심을 얕게 하여 뿌리의 성장이 미흡하게 된다. 이러한 환경에서 바람으로 인한 수분증발과 식물체가 바람에 쓰러질 수도 있다. 따라서 옥상정원을 조성할 때 토양층이 식물생육에 적절한 안정된 구조를 지니고, 우수한 지지력을 확보할 수 있게 시공하는 것이 중요하다고 할 수 있다. 바람의 저항이 적고 경량인 초화류를 중심으로 시공하는 기술개발이 필요하다

③ 온도 및 관수

여름철 옥상의 표면온도는 기온보다 약 5~20℃ 높게 온도차가 발생한다. 이러한 환경에서는 옥상에 심어진 식물의 건조해가 유발되기 쉽다. 이러한 건조해를 방지하기 위해서는 단열성이 높으면서 보수성이 높은 토양을 선정해서 토양층을 형성해 주는 것이 필요하다. 또한 자연 강우만으로도 식물성장이 가능한 건조에 강한 식물을 선정하여 식재하는 것이 필요하다.

④ 방수

전면 옥상정원에 식재한 식물의 뿌리가 방수층을 파괴하는 경우가 발생할 수 있다. 따라서 방수층으로 식물의 생장을 억제하면서 배수역할을 할 수 있는 방근층을 설치하는 것이 필요하다. 또한 식물 자체가 방수층에 영향을 주지 않는 수종을 선택하여 식재하는 것도 좋은 방법이다.

⑤ 잡초 및 병충해

옥상정원에 식재된 식물이 잡초로 인한 영양분 소진이 발생할 수 있다. 이러한 잡초는 식재식물의 생장을 위협하거나 성장 약화로 병충해에 쉽게 감염될 수 있게 된다. 따라서 옥상정원용 배양토는 고온에서 살균 및 살충된 무균의 배양토를 사용하는 것이 무엇보다 중요하다.

6) 옥상정원용 식물의 특성

옥상은 건축물의 하중을 고려하여 인공지반을 조성하여야 하기 때문에 토심이 낮고 수분증발이 심하여 식물이 생육하기에는 부적합한 조건이 된다. 그러므로 옥상에서 정상적으로 생육할 수 있는 식물소재는 내건성 및 내한성이 강한 식물을 선택하여야 한다.

① 옥상정원용 식물소재의 구비조건

- **가능한 한 키가 작을 것** : 키가 작으면 관리가 용이하고 지하부의 규모도 적다. 또한 수관부에 미치는 바람의 저항도 줄일 수 있다.
- **조밀한 피복**: 일사의 차단과 토양 표면의 보호는 물론 경관조성을 위해 잎과 가지가 조밀하여 견고한 피복상태를 나타내는 것이 바람직하다.
- **천근성 뿌리** : 지하부 깊숙이 뿌리가 발달하는 심근성보다는 얕게 옆으로 퍼지는 식물종이 바람직하다.
- **지상부 및 지하부 생육이 너무 왕성하지 않은 식물** : 식물체 지상부는 물론 지하부의 생육이 너무 왕성한 식물은 관리가 어렵고 다른 식물에 해를 줄 수 있다.
- **전지, 전정이 필요 없고 관리가 용이한 식물**
- **기타, 내건성 및 내광성, 내습성, 내한성, 내서성이 고루 강한 식물**

② 옥상정원용 식물의 종류 및 특성

종류	학명	분포	초장 (cm)	개화기 (월)	화색	특징
섬기린초	S. takesimense	울릉도	50	7	황색	다년초, 꽃잎 5, 수술 10, 암술 5
큰꿩의비름	S. spectabile	산지	30~70	8~9	홍자색	다년초,
둥근잎꿩의비름	S. rotundifolium	경북 주왕산	15~25	7~8	자홍색	다년초
자주꿩의비름	S. telephium var. purpureum	산지	30~50	8~9	홍자색	다년초
세잎꿩의비름	S. verticillatum	산지의 풀밭	30~50	8~9	누른빛이 도는 녹백색	다년초
꿩의비름	S. erythrostichum	산지	30~90	8~9	백색바탕에 붉은빛	다년초, 원줄기 분백색
가는기린초	S. aizoon	산지의 풀밭	20~50	7~8	황색	다년초, 많은변종
기린초	S. kamtschaticum	산지의 바위	5~30	6~7	황색	다년초, 원줄기가 한군데서 많이나옴
속리기린초	S. zokuriense	속리산,군자산, 추자도	10~18		황색	다년초
애기기린초	S. iddendorffianum	강원도,함경도, 평안도의 고산지대	20	6~8	황색	다년초
돌나물	S. sarmentosum	약간 습기 있는 곳		5~6	황색	다년초, 포복형
땅채송화	S. oryzifolium	바닷가 바위	5~12	5~7	황색	다년초, 포복형
넓은잎 기린초	S. japonicum	건조한 바위	10~15	5~6	황색	다년초, 포복형
바위채송화	S. polystichoides	산지의 바위	10	8~9	황색	다년초, 포복형
말똥비름	S. bulbiferum	논밭근처	7~22	6~8	황색	2년초, 포복형
새끼꿩의비름	S. viviparum	산지	60	8~9	황백색	다년초, 엽액과 화서에 생기는 육아로 번식

옥상정원용 세덤속 식물소재의 종류 및 특성

섬기린초

큰꿩의비름

둥근잎꿩의비름

세잎꿩의비름		자주꿩의비름		꿩의비름			
가는기린초		기린초		애기기린초			
돌나물		땅채송화		바위채송화			

종류	과명	학명	초장 (m)	개화기	화색	산지	특징
바위솔	돌나물과	*Orostachys japonicus*	0.3	9월	백색	전국	육질 다년초, 개화 후 죽는다.
좀비비추	백합과	*Hosta minor*	0.1~0.3	7~8월	연자색	전국	다년초, 전체가 작음
애기원추리	백합과	*Hemerocallis minor*	0.4	6~7월	황색	전국	다년초, 산지
산부추	백합과	*Allium thunbergii*	0.3~0.6	8~9월	홍자색	전국	다년초, 산지, 식용
미역취	국화과	*Solidago virgaaurea* var. *asiatica*	0.3~0.8	7~10월	황색	전국	다년초, 산지, 식용
산구절초	국화과	*Chrysanthemum zawadskii* var. *latilobum*	0.5~0.6	9~10월	백색	전국	다년초, 산지, 약용
민들레	국화과	*Taraxacum platycarpum*	0.3	4~5월	황색	전국	다년초, 양지
벌개미취	국화과	*Aster koraiensis*	0.4~0.6	6~10월	연자주	전국	다년초
돌마타리	마타리과	*Patrinia rupestris*	0.2~0.6	7~9월	황색	충북 이북	다년초, 산지

옥상정원용 숙근 초화류의 종류 및 특성

종류	과명	학 명	초장(m)	개화기	화색	산지	특 징
돌양지꽃	장미과	*Potentilla dickinsii*	0.2	6~7월	황색	전국	다년초, 산지바위틈
층꽃나무	마편초과	*Caryopteris incana*	0.3~0.6	7~8월	자색	경상, 전라	아관목
할미꽃	미나리아재비과	*Pulsatilla koreana*	0.3~0.4	4~5월	적자색	전국	다년초, 건조한 양지
금꿩의다리	미나리아재비과	*Thalictrum rochebrunianum*	0.7~1	7~8월	연자주	중부이북	다년초, 산지
타래붓꽃	붓꽃과	*Iris pallassii* var. *chinensis*	0.4	5~6월	연자주	전국	다년초, 건조한 산지
수호초	회양목과	*Pachysandra terminalis*	0.2~0.3	4~5월	백색	전국	다년초, 포복반원형
꽃범꼬리	꿀풀과	*Physostegia virginiana*	0.4~0.5	8~9월	연분홍	전국	다년초
용머리	꿀풀과	*Dracocephalum argunense*	0.2	7~8월	자주색	전국	다년초, 포복형
골무꽃	꿀풀과	*Scutellaria indica*	0.2~0.3	5~6월	자주색	전국	다년초
왜성술패랭이	석죽과	*Dianthus superbus* var. *longicalycinus*	0.2~0.3	5~6월	연홍색	전국	다년초, 상록성
세뿔석위	고란초과	*Pyrrosia tricuspis*	0.2			전국	다년초, 상록성

옥상정원용 숙근 초화류의 종류 및 특성

바위솔   좀비비추   애기원추리

산부추   미역취   산구절초

민들레 / 벌개미취 / 돌마타리
돌양지꽃 / 층꽃나무 / 할미꽃
금꿩의다리 / 타래붓꽃 / 수호초
꽃범의꼬리 / 용머리 / 왜성술패랭이

종류	과 명	학 명	초장 (m)	개화기	화색	자생지	특 성
백리향	꿀풀과	*Thymus quinquecostatus*	0.5~1	7월	홍자색	전국	낙엽반관목, 높은 산정이나 바닷가 바위 겉
화살나무	노박덩굴과	*Euonymus alatus.*	3	5~6월	황록색	전국	낙엽관목, 산야
작살나무	마편초과	*Callicarpa japonica*	2~3	7~8월	연자주	전국	낙엽관목, 山麓
매자나무	매자나무과	*Berberis koreana*	2	5월	황색	경기 이북	낙엽관목, 山麓
산수국	범의귀과	*Hydrangea serrata for. acuminata*	1	7~8월	백홍청색	경기, 강원이남	낙엽관목, 산지

매화말발도리	범의귀과	*Deutzia coreana*	1	5~6월	백색	중부이남	낙엽관목, 바위 틈
갈기조팝나무	장미과	*Spiraea trichocarpa*	1~1.5	5~6월	백색	강원이북	낙엽관목,
조팝나무	장미과	*Spiraea prunifolia* var. *simpliciflora*	1.5~2	4~5월	백색	전국	낙엽관목, 산야
국수나무	장미과	*Stephanandra incisa*	1~2	6~7월	백색	전국	낙엽관목, 산지
병아리꽃나무	장미과	*Rhodotypos scandens*	2	5월	백색	황해도 이남	낙엽관목
산철쭉	진달래과	*Rhododendron yedoense* var. *poukhanense*	1~2	4~5월	홍자색	중부이남	낙엽관목

옥상정원용 관목류의 종류 및 특성

백리향 · 화살나무 · 작살나무
매자나무 · 산수국 · 매화말발도리
갈기조팝나무 · 조팝나무 · 공조팝나무
병아리꽃나무 · 산철쭉 · 국수나무

14장
수생정원

1) 수생정원(연못)의 조성과 유지관리

수생정원은 정원을 아름답게 하고 정원의 환경을 자연환경과 같이 만들어주는 중요한 요소로서 사람의 마음을 안정시켜주고 풍요로움을 느끼게 한다. 건조한 콘크리트 위주의 도시환경에서 수생정원은 도시를 생태적 환경으로 만들어 줄 수 있는 요인으로 중요성이 더욱 커지고 있다. 그러나 이러한 인공의 수생정원은 스스로 유지해 가는 자연 연못과는 다르게 유지관리에 많은 노력을 기울여야 하고, 시공시 이러한 점을 고려하여 수생정원을 조성해야 한다.

2) 수생정원의 설계

연못은 정원에서 디자인적으로나 공간적으로 중요한 요소이므로 정원의 형태나 크기를 고려하여 설계되어야 한다. 연못을 설계 할 때 고려해야 할 사항으로는 우선적으로 형태로 정형식으로 할 것인가 자연식으로 할 것인가를 결정해야 한다. 전체의 정원 형태가 대칭의 직선으로 조성된 정원이면 정원의 형태와 어울리는 정형식으로 설계되어야 하고, 정원이 자연형으로 조성된 정원이면 자연식의 연못으로 설계 되어야 한다. 그리고 면적은 정원 전체의 면적으로 고려해서 정원 크기에 적정한 규모로 조성해야 한다.

정형식 연못

자연식 연못

3) 콘크리트를 이용한 수생정원 만들기

① 원하는 형태의 크기로 터를 파낸 다음 바닥에 잡석을 넣고 충분히 다져준다.
② 바닥에 그물모양으로 철근을 설치한다.
③ 콘크리트를 타설하고 표면을 흙손으로 곱게 마감한다.
④ 벽면의 중앙 위치에 철근을 세워 고정시킨다. 이때 철근의 높이는 연못의 윗부분으로 나오지 않게 높이를 맞춘다.
⑤ 콘크리트를 타설할 수 있도록 거푸집을 세운다.
⑥ 콘크리트를 철근 윗부분까지 타설한다.
⑦ 3~4일 이후에 방수액을 처리한 다음 보호 모르타르를 바른다.
⑧ 연못에 수중펌프를 설치한다.
⑨ 연못의 갓 부분에 콘크리트를 이용하여 판석을 설치한다.

4) 방수포를 이용한 연못 만들기

① 위치를 선정하고 줄을 이용하여 윤곽선을 표시하고 석회가루 등으로 연못자리를 표시한다.
② 연못의 길이와 폭, 깊이를 고려하여 충분한 크기의 방수포를 준비한다.
③ 못의 중앙 지점부터 터파기를 하기 시작하여 원하는 깊이보다 5cm 정도 깊게 판다.
④ 터파기는 흙이 흘러내리는 것을 방지하기 위해 약간 경사지게 판다.
⑤ 바닥에 모래를 5cm 두께로 넣은 후 잘 고른다.(하중과 충격을 완화시켜주기 위해)
⑥ 넘치는 물이 흘러 나갈 수 있도록 배수를 시킬 수 있는 위치에 PVC파이프를 묻어 준다.
⑦ 방수포를 중심부터 겹치지 않게 펴준다.
⑧ 방수포를 갓돌을 놓을 경계선까지 펴고, 갓돌을 군데군데 놓아 고정시킨다.
⑨ 방수포가 보이지 않게 고운 마사토를 10cm 두께로 방수포 위에 넣고 잘 고른다.
⑩ 갓돌의 경계선을 따라 방수포를 절단한다.
⑪ 갓돌을 놓을 곳에 젖은 모래를 깔고 갓돌을 놓은 다음 남은 모래를 갓돌사이에 채운다.
⑫ 필요에 따라 분수용 노즐과 모터를 설치한다.

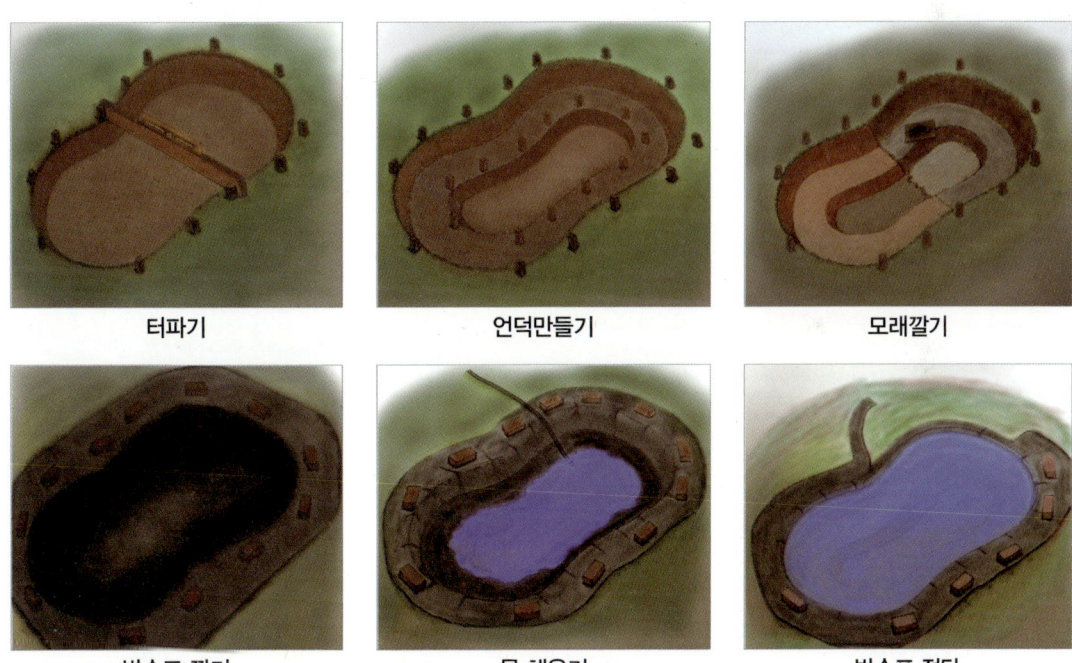

터파기   언덕만들기   모래깔기

방수포 깔기   물 채우기   방수포 절단

5) 수생정원용 식물의 종류 및 특성

① 수생식물의 정의

생활환경의 어떤 기간은 적어도 완전하게 수중이나 추수의 상태에서 서식하는 식물을 수생식물이라고 한다(뮤첼, 라이드). 즉 물속에서 자라는 식물로서 줄기나 잎은 통기조직이 잘 발달되어 있고 뿌리는 수중의 바닥에 뻗으며, 잎은 수면 위에서 자라거나 물 위를 떠돌아다니는 종류를 말한다.

② 수생식물의 특징

수생식물은 육상식물에 비하여 생장속도가 빠르다. 하나의 개체가 수면 밑의 지하, 수중, 지상(대기중) 모두에 걸쳐서 생육한다. 다양한 생물의 서식공간을 제공해 주는 역할을 수행하여, 소생태계(biotope)나 생물 서식공간을 형성시키는데 가장 중요한 역할을 한다.

③ 수생식물의 생육환경

수생식물은 육상식물에 비하여 온도나 수분의 변동이 적으나, 용해염류, 영양분, 색깔, 투명도에 따라 생육의 변화가 커진다. 해수인가 담수인가, 흐르는 물인가 정체되어 있는 물인가에 따라서 큰 차이를 보인다. 수중환경 변화에 매우 민감하게 반응한다.

④ 수생식물의 구성

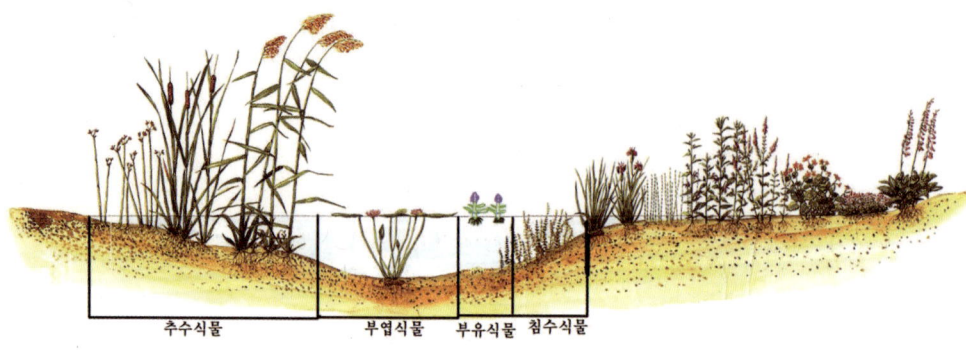

수생식물 서식도

- **습생식물**

수변에 왕성하게 생장하는 호습성 수생식물이다. 수생식물 서식환경과 연접되는 곳에서 서식하고 습윤입지이므로 빈 공간이 많은 지하경이 발달하였다. 습지 환경조건에 적응해서 생육하는 식물로 부식산에 의해 강산성에서 잘 자라는 경우가 많다. 대표적인 습생식물은 이삭사초, 삿갓사초, 둑사초 등이 있다.

| 이삭사초 | 삿갓사초 | 독사초 |

· 추수식물

수중의 토양에 근경이 신장하고 줄기와 엽병이 수면 위에서 생장하는 생육형태로 통기조직이 많은 식물체와 지하경이 발달하여 지하부에 산소를 공급한다. 지하수위가 높은 연안대의 습지에 많이 생육하고 있다. 연안대의 식생은 가능한 한 다양한 식물 종으로 구성되는 것이 습지생태에 바람직한 생태형이다. 대형 추수식물에는 갈대, 줄, 큰부들, 큰고랭이 등이 있으며 소형 추수식물에는 송이고랭이, 올방개, 세모고랭이, 올챙이고랭이, 쇠털골, 바늘골, 택사 등이 있다.

| 송이고랭이 | 올방개 | 세모고랭이 |

· 부엽식물

수면 중에 근경을 내리고 잎을 수면위에 뜨게 하여 생육하는 식물로 식물체 자체에 통기조직이 많고, 부낭역할을 한다. 수면에 뜨는 잎은 물을 제거하는 발수성을 가고 있다. 부엽식물은 특히 어류의 산란 및 치어의 생육장소를 형성하고 연안 수역의 경관 구성요소로 매우 중요한 식물로 연못에 식재되는 대표적인 수생식물이다. 호수의 오탁, 부영양화에 대해 침수식물보다는 일반적으로 저항력이 있다. 부엽식물의 종류로는 마름, 노랑어리연, 어리연, 수련, 순채, 가래 등이 있다.

| 마름 | 노랑어리연 | 수련 |

· **침수식물**

저토층에 근경을 내리고 줄기, 잎 모두 수중에서 생활하는 식물로 수중에 있기 때문에 줄기, 잎, 뿌리 등의 분리가 불명확하고 식물체가 연약하다. 꽃을 수면 위로 내보내서 개화하는 것이 많다. 경엽과 종자는 물새의 먹이로 이용되고 호수의 투명도 저하에 약하다. 부영양화가 심해지면 급속히 감소하는 특징을 가지고 있다. 침수식물의 종류로는 말즙, 넓은잎말, 솔잎가래, 이삭물수세미, 검정말, 나사말 등이 있다.

말즙　　　　　　　검정말　　　　　　　나사말

· **부유식물**

부유식물은 잎은 물위에 뜨고 뿌리는 물속에서 영양을 섭취하는 식물로서 바람에 따라 움직이면서 여러 형태의 그늘을 만들어 낸다. 종류로는 개구리밥, 부레옥잠, 자라풀, 생이가래 등이 있다.

개구리밥　　　　　　부레옥잠　　　　　　자라풀

⑤ 수생식물의 종류 및 특성

연꽃 / 과명 : 수련과 / 학명 : *Nelumbo nucifera*
생육특성 : 전국의 논, 연못, 습지에 자생하는 다년초이다. 뿌리가 옆으로 벋으며 원추형으로 마디가 많으며 가을철에 끝부분이 특히 굵어진다. 전국의 연못이나 호수에 식재되는 대표적인 식물로 생태공원, 수변공원 형성에 매우 좋고 우리나라 정서에도 잘 맞으며 수질정화 능력도 좋다. 안정적이고 평온한 물을 좋아하고 수위변화가 심하거나 유속이 빠른 곳은 좋지 않다. 수심은 1.5m 이하가 좋으며 그 이상 깊어지면 생육이 점차 쇠퇴하게 된다. 수질은 크게 가리지 않는다. 정원에서의 이용은 진흙에서 잘 자라고 논이나 연못, 습지에 식재하면 잘 생육한다. 특히 고온다습한 지역의 비옥한 습지에서 잘 자란다.

수련 / 과명 : 수련과 / 학명 : *Nymphaea teragona*
생육특성 : 중부 이남의 늪이나 못에 자생하는 다년초이다. 근경은 굵고 짧으며 밑부분에서 많은 뿌리가 나온다. 둥근 말발굽 모양의 잎과 흰색 또는 분홍색의 꽃이 아름다운 식물이다. 군식하거나 수반에 담아 연출하면 효과적이다. 수위변화가 심하지 않게 안정적으로 유지해 주고 수심은 1m를 넘지 않게 해주어야 한다. 수질은 크게 가리지 않지만 수온이 낮으면 생육이 지연된다. 강한 햇빛을 좋아하고 토양은 토심이 20cm 이상 되게 하고 부엽토나 논 흙, 호수토양이 좋다. 연못이나 고인물에 햇빛이 잘 들고 통풍이 잘 되는 곳에 식재한다. 특별한 관리는 요하지 않는다.

개연꽃 / 과명 : 수련과 / 학명 : *Nuphar japonicum*
생육특성 : 못, 늪, 흐르는 얕은 냇물에서 자생하는 다년초이다. 근경은 굵고 옆으로 뻗으며, 겉은 해면 같고 군데군데 잎이 달렸던 자리가 있다. 침수엽은 가늘고 길며 가장자리가 물결모양이고 막질이다. 수상엽은 겉면이 광채가 나는 가죽질이다, 8~9월에 길게 뻗은 꽃자루 끝에 지름 4~5cm인 짙은 노란색 꽃이 1개씩 물위에 핀다.

남개연 / 과명 : 수련과 / 학명 : *Nuphar pumilum*
생육특성 : 남부지방 섬진강 수계의 늪이나 하천에 자라는 다년생 수초이다. 뿌리줄기는 살지고 흙속을 길게 뻗는다. 잎은 뿌리 줄기 끝에서 뻗어나며 물의 깊이에 따라서 잎자루 길이가 달라진다. 7~8월에 뿌리줄기에서 긴 꽃자루가 뻗어나 그 끝에 지름 2~2.5cm인 노란색 꽃이 1개씩 위를 향해 핀다.

마름 / 과명 : 마름과 / 학명 : *Trapa bispinosa*
생육특성 : 물속에서 자라는 일년초이다. 호수, 늪, 논 등 물속에서 자라는 수생식물로 진흙 속에 묻혀 있는 지난해의 열매 속의 종자에서 싹이 터 줄기가 나오면서 번식한다. 뿌리가 진흙 속에 있고 원줄기는 수면 위까지 자라며 끝에서 많은 잎이 사방으로 퍼져 수면을 덮고 물속의 마디에서 우상의 뿌리가 내린다. 열매는 식용으로 한다.

애기마름

어리연 / 과명 : 조름나물과 / 학명 : *Nymphoides indica*
생육특성 : 중부이남의 논, 습지, 수로에서 자라는 다년생 수초이다. 수염같은 뿌리가 있고 원줄기는 가늘며 1~3개의 잎이 드문드문 달린다. 잎은 물위에 뜨고 원심형이다. 꽃은 8월경에 잎사이로 물위에 나와서 흰바탕에 중심부는 황색이며 10여 개가 한 군데에 달린다.

노랑어리연 / 과명 : 조름나물과 / 학명 : *Nymphoides peltata*
생육특성 : 중부 이남의 논, 늪, 습지, 수로에서 자라는 다년생 수초이다. 원산지는 유럽 또는 유라시아와 지중해 연안지대 이다. 정수에 나는 수초인데 수생정원에서 재배되기도 한다. 주로 물 밑 진흙 속에서 옆으로 길게 뻗는 비후한 근경으로써 번식하는데 종자로도 번식한다. 전초를 행채라고 하는 약용으로 쓰인다. 외용으로는 독사에 물렸을 때 짓찧어서 상처에 붙인다.

물옥잠 / **과명** : 물옥잠과 / **학명** : *Nonochoria korsakowii*
생육특성 : 논, 도랑 등 물속에서 자라는 일년초이다. 동남아시아 원산으로 봄에 발생해서 여름에서 가을에 걸쳐 개화하며 9월에 결실한다. 정원에서 이용은 수로, 도랑, 못, 휴경답, 늪, 연못 등 수심이 얕은 곳에 이용한다. 햇빛이 잘 드는 곳을 좋아하며 토양의 종류는 가리지 않는다.

물달개비 / **과명** : 물옥잠과 / **학명** : *Monochoria vaginalis var. plantaginea*
생육특성 : 논밭 근처에서 자라는 일년초이다. 5~6개가 한군데서 나오고 원줄기에 각각 1개의 잎이 달린다. 꽃은 9월에 피고 청자색으로 꽃차례는 잎보다 짧고 한쪽에 3~7개의 꽃이 달린다.

부레옥잠 / **과명** : 물옥잠과 / **학명** : *Eichhornia crassipes*
생육특성 : 관상용으로 수조 등에 심는 다년초이다. 열대아메리카 또는 아마존강 유역이 원산지로 자생지에서는 부수성 다년생 수초이다. 온대지방에서 생육조건이 아주 좋을 때에는 한철에 25개 모체에서 1ha의 넓이를 메울 수 있는 정도의 충분한 양의 영양번식이 왕성하게 이루어지나, 기온이 떨어지는 겨울철에는 대부분 개체가 동사 또는 고사한다. 아름다운 꽃 때문에 못이나 수조에서 재배하고 조경에서의 이용은 하천, 호수, 못, 저수지, 늪, 수로, 배수로, 습지 등에 이용할 수 있다.

검정말 / **과명** : 자라풀과 / **학명** : *Hydrilla verticillata*
생육특성 : 논, 수로, 웅덩이, 저수지, 호수, 늪 등지에 자생하는 다년생 수초이다. 유라시아 또는 아프리카가 원산지인 침수성 수생식물이다. 정수 또는 유속이 느린 물에서 생육하는 담수초본 종류로 큰 집단을 형성하는 일년생도 있으며, 자웅동체인것과 자웅이주인 것이 있다. 생육량이 많아 수표면을 완전히 덮어 빛을 차단하여 투과율을 5%이하로 억제한다. 또한 모기가 좋아하는 먹이가 되는 착생조류의 기생처여서 많은 모기가 모여든다.

낙지다리 / **과명** : 돌나물과 / **학명** : *Penthorum chinense*
생육특성 : 논주변, 얕은 늪, 습지, 물가, 냇가, 길가에서 자라는 다년초이다. 종자와 땅속에서 옆으로 벋는 지하경으로 번식한다. 전초를 약용하는데 급성 전염성간염으로 황달이 생기고 소변을 잘 못보는 증상에 쓰인다.

부들 / **과명** : 부들과 / **학명** : *Thpha orientalis*
생육특성 : 제주도와 황해도, 강원도 이남의 얕은 못가나 습지에서 자라는 다년초이다. 뿌리줄기는 길게 옆으로 땅속을 향해 뻗는다. 암꽃이삭과 수꽃이삭은 붙어 있다. 수꽃이삭은 윗부분에 달리고 암꽃이삭은 수꽃이삭 바로 아래 달린다. 경관식물로 활용한다.

도루박이 / **과명** : 사초과 / **학명** : *Scirpus radicans*
생육특성 : 논, 논둑, 습지에서 자라는 다년생 초본류이다. 종소명은 '뿌리를 내리는' 또는 '줄기에서 뿌리를 내리는' 등의 뜻이다. 우리말 이름은 꽃이 달리지 않는 줄기가 자라서 그 끝이 땅에 닿으면 뿌리와 더불어 새순이 자라기 때문에 도루박이라고 한다. 물가, 개울가 그리고 습지 등지에 식재하여 이용한다.

흑삼릉 / **과명** : 흑삼릉과 / **학명** : *Sparganium stoloniferum*
생육특성 : 연못가나 도랑에서 자라는 다년생 수초이다. 거의 전국에 자라나 농약등에 의해 해를 입어 현재는 중부지방에 드물게 자라는 희귀식물이 되었다. 유럽원산의 정수성 수초로 종자와 근경으로 번식한다 토양의 종류를 가리지 않고 잘 자란다. 정원에서는 햇빛이 잘드는 얕은 물속을 좋아하므로 연못, 늪, 작은 냇물, 수로에 식재 하여 이용한다. 물고기의 먹이로 이용된다.

매자기 / **과명** : 사초과 / **학명** : *Scirpus fluviatilis*
생육특성 : 연못가에서 자라는 대형 정수성 다년초이다. 햇빛이 잘 드는 곳에 많으며 수심은 얕은 곳을 좋아한다. 알칼리 토양에 내성이 있으며, 군생하고 벌레류와 균류의 기주 중의 하나이다. 호수가, 연못가, 늪, 소택지의 물가에 식재하여 이용한다.

큰고랭이 / **과명** : 사초과 / **학명** : *Scirpus lacustris* var. *creber*
생육특성 : 연못가에서 군생하는 대형 다년생 정수성 초본식물이다. 주로 근경으로 번식하며 종자로도 번식한다. 길고 두꺼우며 강건한 근경은 땅속을 옆으로 뻗으며 마디에서 대가 한 개씩 돋아나와 증식한다. 햇빛이 잘 드는 곳과 물이 얕은 곳을 좋아하며 토양의 종류는 가리지 않아 논, 못, 늪, 개울가, 호수의 얕은 물가 등지에 크게 군생한다. 수질정화에 이용되며 정원에 심어 관상용 그리고 꽃꽂이용으로 쓰인다.

송이고랭이 / **과명** : 사초과 / **학명** : *Scirpus triangulatus*
생육특성 : 습지에서 자라는 유럽원산의 다년생 초본류이다. 주로 연못이나 개울가의 습지, 그리고 늪지 등에 자란다. 종자로 번식한다.

창포 / **과명** : 천남성과 / **학명** : *Acorus calamus* var. *angustatus*
생육특성 : 연못가와 도랑가에서 자라는 다년생 초본류이다. 잎이 시원스럽고 특이한 녹색으로 관상가치가 높아 연못주변에 식재하여 정원용 식물로 이용하면 좋다. 잎에는 특이한 향기가 있어 욕실용이나 화장품, 비누 등에 이용된다. 분주로 번식한다. 햇빛이 잘 드는 30cm 미만의 얕은 물속이나 물가, 습지 등에서 자란다. 토양은 비옥하고 습기가 매우 높은 습지에서 재배한다.

꽃창포 / **과명** : 붓꽃과 / **학명** : *Iris ensata* var. *spontanea*
생육특성 : 습지, 연못주변에서 자라는 다년생 초본류이다. 지하부의 뿌리가 강건한 식물이므로 습기가 많은 댐이나 저수지, 연못주변의 척박하고 경사진 토양 보호용으로 식재하면 좋다. 키가 높게 자라지만 꽃이 아름답기 때문에 적절히 식재하면 경관조성용으로 효과가 있다. 성질이 강건한 식물이므로 재배에 큰 어려움이 없으며, 가을에 채취한 종자를 곧바로 반그늘 상태인 곳에 직파하고 멀칭해 준다. 잎의 크기가 대형이며 창포와 비슷하게 생겼으므로 꽃이 피는 창포라는 의미에서 꽃창포로 이름이 붙여졌으나 창포와는 전혀 다른 식물이다. 꽃창포는 물속에서 생존이 안되며 습윤한 장소에서 자생하는 습생 식물이다.

노랑꽃창포 / **과명** : 붓꽃과 / **학명** : *Iris pseudoacorus*
생육특성 : 유럽원산의 습지, 연못주변에서 자라는 다년생 초본류이다. 도입종 수변식물(정수식물)로 연못가나 녹지대의 습지, 공원이나 정원 등의 습지에 심어 관상할 수 있다. 약간 오염된 연못에 심어 수질 정화 효과도 얻을 수 있다. 부식질이 있는 토양에서 잘 자라지만 비교적 토질은 가리지 않는다. 답습지대, 약간 건조한 토양에서도 잘 자란다.

부채붓꽃 / **과명** : 붓꽃과 / **학명** : *Iirs setosa*
생육특성 : 북부지방의 습지나 연못주변에서 자라는 다년초이다. 개화기는 5월이며 물속에서도 잘 자라는 수생식물이다. 서늘한 양지 또는 반그늘, 하루 중 반나절은 직사광선에서 재배되어야 하며, 장일조건에서 생육이 촉진된다. 전국에서 재배가 가능하며 지표면이 동결되어도 내한성이 강하다. 토양은 약산성에서 생육이 잘되며 알카리성 토양에서는 잎이 황색으로 변하고 생육이 나쁘다.

벗풀 / 과명 : 택사과 / 학명 : *Sagittaria trifolia*
생육특성 : 연못이나 수로에서 자라는 다년생 수초이다. 동아시아 원산으로 자웅동주이다. 종자가 가을에 지하경을 뻗어 그 끝에 형성하는 괴경으로 번식한다. 햇빛이 잘드는 얕은 물속에서 잘자라며 토양의 종류는 가리지 않는다. 정원에서의 이용은 습지, 연못, 도랑, 수로 등지에 식재하여 이용할 수 있다.

보풀 / 과명 : 택사과 / 학명 : *Sagittaria aginashi*
생육특성 : 습지에서 자라는 다년생 수초이다. 근경은 짧고 잎겨드랑이에서 작은 구경이 생기며 옆으로 뻗는 지하경이 없다. 잎은 잎자루가 길고 화살 모양으로서 윗부분이 피침형 또는 선형이다.

올미 / 과명 : 택사과 / 학명 : *Sagittaria pygmaea*
생육특성 : 논밭이나 습지, 연못가에서 자라는 다년생 초본류이다. 동아시아 원산의 침수성 수생식물로 종자, 괴경, 분주로 번식한다. 올미는 습윤한 토양이나 담수상태에서는 잘 출아하는 전형적인 수생식물로 건조에는 매우 약하다. 햇빛이 잘 드는 얕은 물속을 좋아하며 토양의 종류를 가리지 않는다. 정원에서는 논, 도랑, 못, 늪 등지에 식재하여 이용한다.

택사 / 과명 : 택사과 / 학명 : *Alisma canaliculatum*
생육특성 : 연못이나 수로같은 습지에서 자라는 다년생 수초이다. 동아시아 원산으로 가을이 되면 월동주의 기부에 부정아가 형성되어 월동한다. 정원에서는 햇빛이 잘 드는 얕은 물속에서 잘자라며, 토양의 종류를 가리지 않기 때문에 얕은 못, 늪, 습지 등에 식재하여 이용한다.

질경이 택사 / **과명** : 택사과 / **학명** : *Alisma plantago-aquatica* var. *orientale*
생육특성 : 연못가와 습지에 자생하는 다년생 수초이다. 한냉지의 논이나 습지에서 많이 자란다. 정원에서의 이용은 도랑의 얕은 물속, 연못가, 수습지 등지에 식재하여 이용한다.

부처꽃 / **과명** : 부처꽃과 / **학명** : *Lythrum anceps*
생육특성 : 습지 및 냇가에서 자생하는 다년초이다. 지하경으로 번식하며 때로는 불전에 바치는 꽃으로 재배되기도 했으며 전초에 타닌과 살리카이린이 들어 있어서 지사제로 사용한다. 정원에서의 이용은 습한 냇가나 도랑, 들가에 식재하여 이용한다.

삼백초 / **과명** : 삼백초과 / **학명** : *Saururus chinensis*
생육특성 : 제주도 협재 근처의 습지에 자생하는 다년초이다. 식물체의 잎, 꽃, 뿌리 등 3가지가 흰색이여서 삼백초라 한다. 온난한 기후와 습한 곳을 좋아하며, 주로 분주 번식한다. 식재지가 항상 습윤하도록 관리하여 준다. 정원에서의 이용은 연못가나 개울가 등지의 햇빛이 잘 드는 습지에 식재하여 이용한다. 병충해에는 강한 편으로 크게 문제되는 것은 없다.

가래 / **과명** : 가래과 / **학명** : *Potamogeton distinctus*
생육특성 : 전국의 논이나 습지에서 자라는 다년초이다. 동아시아 원산으로 부수엽과 침수엽의 두가지 잎을 가진다. 정원에서의 이용은 연못, 늪, 논, 수로 등지에 식재하여 이용한다. 특히 한냉지의 연못이나 논에 잘 자란다. 햇빛이 잘 드는 얕은 물속을 좋아하며 토양의 종류를 가리지 않는다. 가래는 수생식물이기는 하나 물위에 부수엽을 전개해서 공기 중의 산소를 빨아 들인다.

네가래 / **과명** : 네가래과 / **학명** : *Marsilea quadrifolia*
생육특성 : 중부 이남의 논이나 연못 가장자리에서 자라는 다년초이다. 유럽과 아시아가 원산인 부유성 수생 또는 습지 식물이다. 수생 양치류는 그 형태가 골풀과 닮은 작은 골풀모양의 식물체를 비롯하여 크로바와 같이 잎이 네가래와 같은 형태에 이르기까지 변이가 크다. 네가래와 같은 수생양치류는 포자낭과라는 특수기관에서 포자를 형성하는 이형포자형이라는 점에서 다른 양치식물과 다르다. 근경과 포자로 번식한다.

개구리밥 / **과명** : 개구리밥과 / **학명** : *Spirodela polyrhiza*
생육특성 : 논이나 연못의 물위에 떠서 사는 다년생 초본류이다. 겨울에는 타원형의 겨울눈이 모체에서 떨어져 물 밑에 가라앉아 월동하고 다음해 봄에 물위에 떠서 번식한다. 영양번식 수단은 강력해서 ㎡당 수면에 30,000개의 개체를 형성하기도 한다. 햇빛이 잘 드는 곳을 좋아하며 COD, N농도 그리고 P농도가 높은 수계에서도 생육이 가능하다. 개구리밥을 물에서 건져내어 30분 동안 말린 다음 다시 물에 되돌려 보내도 재생하지 못한다. 물속의 산소농도에 미치는 영향이 적고 무기영양분이나 금속흡수력이 강해서 가정과 공장의 폐수 정화에 이용될 가능성도 있다.

  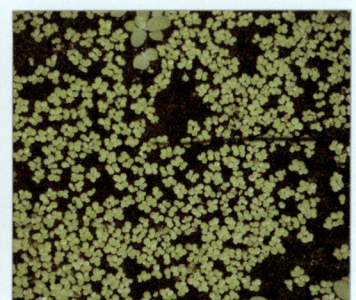

자라풀 / **과명** : 자라풀과 / **학명** : *Hydrocharis dubia*
생육특성 : 연못에서 자라는 다년생 수초로 원줄기가 옆으로 길게 벋으며 끝에서 새로운 싹이 나온다. 동아시아가 원산지로 우리나라 전역에 분포한다. 종자와 지하경으로 월동하고 번식한다. 햇빛이 잘 드는 곳에서 자라며, 질소와 인이 많은 곳을 좋아하므로 염류오염지에서 정화력이 있어 이용가치가 높다. 또한 사료로 개발할 가치가 있다.

물질경이 / **과명** : 자라풀과 / **학명** : *Ottelia alismoides*
생육특성 : 논이나 수로에 자라는 일년생 수초이다. 아시아 또는 아프리카, 인도, 서남 태평양 지역이 원산지인 침수성 초본류이다. 햇빛이 잘드는 곳 뿐만 아니라 반음지에서도 잘 자라며, 토양의 종류도 가리지 않는다. 전초를 식용하기도 하며, 열대어의 어항에 재배해서 관상용으로 이용하기도 한다.

올방개 / **과명** : 사초과 / **학명** : *Eleocharis kuroguwai*
생육특성 : 연못 속에서 군생하는 다년초이다. 동아시아 또는 일본이 원산지로 정수성 수초이다. 담수상태나 밭상태에서 다 같이 맹아하고 발생하나 담수상태를 선호한다. 햇빛이 잘들며 수심 1m이내의 수습지에 군생한다.

가시연꽃 / **과명** : 수련과 / **학명** : *Euryale ferox*
생육특성 : 경기도, 강원도, 충청도 이남의 부영양 못에서 드물게 자라는 대형의 일년생 수초이다. 대형이 가시가 있으며 근경은 짧고 수염뿌리가 많이 나온다. 7~8월에 가시가 돋은 긴 꽃자루가 자라며 끝에 지름 4cm의 꽃이 1개 달리고 낮에 벌어졌다가 밤에 닫힌다.

바늘골 / **과명** : 사초과 / **학명** : *Eleocharis congesta*
생육특성 : 습지에서 자라는 일년생 또는 다년생 초본류로 대개 근경이 없다. 네팔 또는 동남아시아 원산이다. 수심이 0~5cm의 조건에서 잘 생육하는 습생식물이다. 양지바른곳을 좋아하며 토양의 종류는 가리지 않는다.

15장
암석정원

암석정원은 수목 한계선에 자생하는 고산식물과 저지대의 건조한 암석이나 모래땅에 서식하는 다육식물을 소재로 조성한 정원이다. 고산식물과 다육식물의 생태적 특징은 다소 다르지만 재배조건은 유사한 점이 많다. 양지성 식물로서 내건성이 강하고 배수가 좋은 곳에서 잘 자라는 특징을 가지고 있다.

1) 암석정원의 조성

① 암석정원 조성의 준비 자재

- 유공관(지름 200mm)
- 유공관 설치용 자갈(지름 25mm)
- 배수층용 쇄석(지름 25mm)
- 식물 식재 후 피복용 자갈(콩자갈, 지름 10mm) 또는 굵은 마사
- 모암 부스러기, 석회석 자갈
- 자연석 대, 중, 소(암석원 규모에 따라 달리 할 수 있음)
- 고산식물 기본 용토(피트모스 : 마사 : 부엽 = 1 : 3 : 1)

② 암석정원 조성

암석정원을 조성할 부지에 배수로를 폭 30cm, 깊이 30cm로 파고 유공관을 설치한다. 유공관이 설치된 나머지 공간을 유공관 설치용 자갈(지름 25mm)로 채운다. 암석원 전체 표면에 배수용 쇄석(지름 25mm)을 10cm 정도 두께로 깐다. 배수용 쇄석위에 마사를 10cm 두께로 덮은 다음 식물식재용 기본용토를 10cm 두께로 덮는다. 자연 석을 알맞게 배치한 후 자연석 사이에 식물을 식재한다. 식물식재 후 피복용 자갈(콩자갈) 또는 굵은 마사로 표면을 피복하여 마무리 한다.

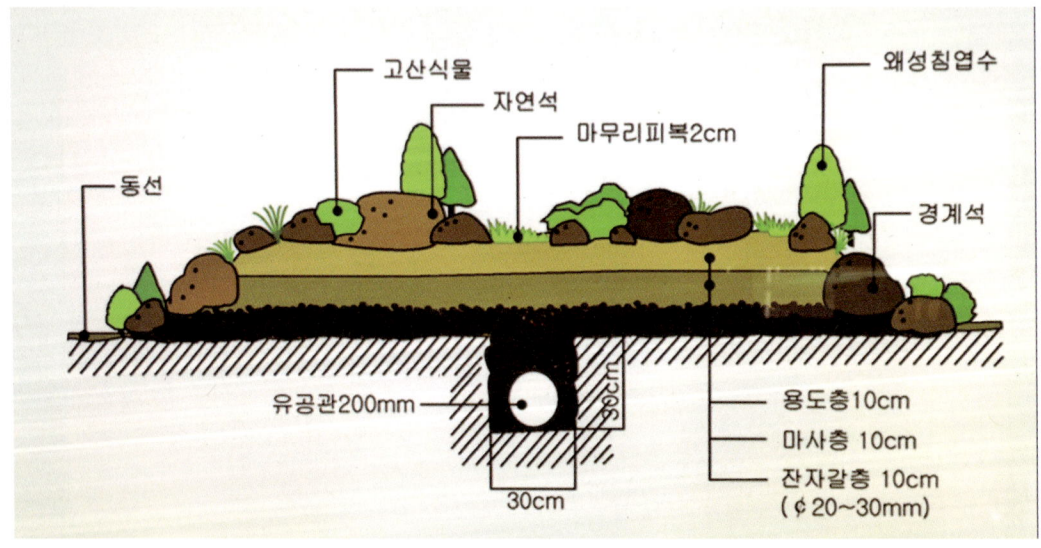

암석정원 조성 단면도

암석정원 조성 사례

2) 월가든 조성

월가든(Wall Garden)은 담장을 쌓아 만든 정원으로 담장의 윗면과 수직면 돌 틈에 다육식물, 고산식물 등 건조한 환경에서 잘 자라는 식물을 암석원 조성 기법에 맞게 식재하는 정원이다. 차갑고 경직된 느낌을 주는 담장을 아름답고 매력적인 공간으로 만들어주어 가치를 높여주는 정원 양식으로 주택의 돌담이나 경사지 석벽 등에 쉽고 아름답게 조성할 수 있다.

① 월가든 조성 장소 및 규모

월가든은 조성지의 자연환경을 자연 그대로 이용하여 조성한다. 자연 언덕의 한쪽 면을 이용하여 옹벽처럼 만드는 방법과 평지에 낮은 돌담을 쌓아 만드는 방법 등이 있다.

바람이 적고 햇빛이 잘 드는 장소에 조성하는 것이 가장 좋다. 규모는 최소 폭 50cm, 높이 60cm, 길이 200cm정도는 되어야 적당하다. 돌은 편평한 형태의 편암을 주로 사용한다. 편암은 돌을 쌓았을 때 안정감이 있고 돌과 돌 사이에 식물을 심기에 용이하기 때문에 월가든에 많이 이용한다. 크기는 운반하기 쉽고 취급이 용이한 무게로 길이 30cm, 두께 10cm정도가 좋으나, 규격에 맞는 것을 구하기 어려우면 운반하기 쉽고 편평한 것을 사용하면 된다. 너무 작은 것은 쌓기가 어려우므로 별로 좋지 않고 어느 정도 큰 것이 좋다.

② 월가든 조성 방법

월가든을 조성할 부지의 하부에 터파기를 하고 자갈을 메워 배수층을 조성한다. 비가 오면 빗물이 아래쪽으로 빠르게 빠져나갈 수 있도록 굵은 자갈과 마사를 차례로 충진한다. 빗물이 아래쪽으로 빠져나가지 못하는 토양이면 배수층 밑으로 배수로를 파고 유공관을 연결하고 자갈을 채워 물이 고이지 않도록 처리해 주어야 한다. 배수층이 정상적으로 조성되지 않으면 빗물이 돌담사이로 흐르면서 용토가 유실되거나 식물이 떨어져 나갈 수 있으므로 배수층 조성에 세심한 주의가 필요하다.

③ 월가든 조성 작업

월가든 조성에 필요한 재료를 준비한다. 자연석, 자갈, 굵은 마사, 진흙과 식물식재용 용토 (피트모스 : 마사 : 부엽 = 1 : 3 : 1)를 준비한다. 폭 50~60cm, 높이 60~100cm 정도로 하고 길이는 장소에 따라 조절한다. 조성지를 깊이 20~30cm 정도로 터파기를 하고 자갈 등을 채워서 배수층을 조성한다. 지면을 고르게 정리하고 모서리에 기둥(위치를 잡고 줄을 치기 위해)을 세운다. 지면에서 15cm 정도 높이에서 줄을 친 다음 첫째 단을 줄에 맞춰 반듯하고 안정되게 놓는다. 첫째 단 안쪽으로 지름 20mm 크기의 세석을 5cm 이하의 두께로 고르게 채운다. 쇄석 위로 굵은 마사를 첫째 단 높이까지 고르게 채운 다음 마사위로 식재 용토를 첫째단 돌 윗부분까지 고르게 올려 채운다. 식재용토 위로 둘째 단 자연석을 쌓는다. 돌을 얹고 용토를 채우는 과정을 반복한다. 높이가 1m가 넘지 않도록 쌓는 것이 좋다. 마지막 단에는 돌담 높이에서 3~5cm가량 아래까지 용토를 채운다. 돌틈 사이에 미리 계획해둔 식물을 배치하여 식재하고 진흙으로 구멍 주위를 막는다. 윗면에 식물을 심고 마사로 빈 공간을 채우고 마무리 한다.

15장 암석정원 | 211

월가든 조성 사례

3) 암석정원 및 월가든 식재 식물의 종류

- 고산식물 또는 다육식물을 식재한다.
- 주로 돌 틈 사이에 식재하게 되므로 아래로 늘어지는 식물이 좋다.
- 식재 공간이 넓지 않기 때문에 건조에 강한 식물을 선택하여 식재한다.
- 고산식물 : 솜다리, 왜솜다리, 물싸리, 한라개승마, 주저리고사리, 암매, 시로미, 월귤, 피뿌리풀, 털진달래, 구름떡쑥 등
- 다육식물 : 큰꿩의비름, 바위솔, 좀바위솔, 둥근바위솔, 난쟁이바위솔, 연화바위솔, 기린초, 섬기린초, 애기기린초, 둥근잎꿩의비름, 바위채송화, 땅채송화, 돌나물 등
- 섬백리향, 돌마타리, 은쑥, 상록패랭이, 왜성술패랭이, 셈프리비붐, 돌양지꽃, 바위구절초, 한라구절초, 부처손, 개부처손 등

① 고산식물

솜다리 / 과명 : 국화과 **/ 학명 :** *Leontopodium coreanum*
생육특성 : 고산지대에서 자라는 다년초로 우리나라에는 한라산, 강원도 금강산에 자생하고 있는 특산식물이다. 관상용, 어린잎은 식용으로 이용하고 6~7월에 개화한다.

물싸리 / 과명 : 장미과 **/ 학명 :** *Potentilla futicosa*
생육특성 : 고산의 습지나 바위 위에 자생하는 낙엽관목으로 우리나라의 북부지방과 북반구의 아한대와 고산지대에 분포한다. 개화기는 6~8월로 노란색 꽃이 핀다.

한라개승마 / **과명** : 장미과 / **학명** : *Aruncus aethusifolius*
생육특성 : 고산지대에 자생하는 다년초로 우리나라 한라산 해발 1500m지대에 분포하고있는 특산식물이다. 5~7월에 개화하고 암석정원에 식재하여 관상용으로 이용한다.

주저리고사리 / **과명** : 관중과 / **학명** : *Dryopteris fragrans*
생육특성 : 고산지대의 바위 틈에서 자생하고 있는 하록성 다년초이다. 우리나라 중부지방에 분포하고 암석정원에 관상용으로 식재한다.

시로미 / **과명** : 시로미과 / **학명** : *Empetrum nigrum* var. *japonicum*
생육특성 : 고산지대의 정상 가까운 곳에서 자생하고 있는 상록성 관목이다. 우리나라의 한라산과 북부지역에 분포한다. 꽃은 암수 딴그루로 5~8월에 개화한다. 암석정원의 관상용으로 식재한다.

월귤 / **과명** : 진달래과 / **학명** : *Vaccinium vitis-idaea*
생육특성 : 고산지대의 정상부근에 자생하는 상록 소관목이다. 우리나라의 금강산 이북에 분포하고 흰색꽃이 6~7월에 핀다. 암석정원에 관상용으로 식재하고 잎은 약용, 열매는 식용으로 이용한다.

피뿌리풀 / 과명 : 팥꽃나무과 / **학명** : *Stellera chamaejasme*
생육특성 : 제주도 한라산, 황해도 이북, 중국, 몽골, 시베리아 동부에 분포하고 있는 다년초이다. 뿌리는 굵고 선홍색이며 독이 있다. 뿌리의 색깔이 피의 색깔과 같다고 하여 피뿌리풀이라고 한다. 5~7월에 개화하고 암석정원에 식재하여 이용한다.

털진달래 / 과명 : 진달래과 / **학명** : *Rhododendron mucronulatum* var. *ciliatum*
생육특성 : 높은 산에 자생하고 있는 낙엽 관목으로 전국의 높은 산에 분포한다. 5~6월에 개화하고 암석정원에 관상용으로 식재한다.

구름떡쑥 / 과명 : 국화과 / **학명** : *Anaphalis sinica*
생육특성 : 고산지대의 건조한 풀밭에 자생하는 다년초이다. 우리나라 한라산, 일본, 중국에 분포한다. 8~9월에 개화하고, 암석정원에 관상용으로 식재한다.

② 다육식물

큰꿩의비름 / 과명 : 돌나물과 / 학명 : *Sedum spectabile*
생육특성 : 다육질이며 강건한 줄기와 홍자색의 꽃이 관상가치가 높다. 내건성이 강하여 척박하고 건조한 곳에서 잘 자란다. 배수가 잘 되는 정원, 가로화단, 암석정원에 식재하여 이용한다. 5~6월경에 적심하면 초장을 낮추고 많은 가지를 분지시킬 수 있다.

둥근잎꿩의비름 / 과명 : 돌나물과 / 학명 : *Sedum ussuriense*
생육특성 : 우리나라 주왕산의 바위 틈에 자생하는 다년초이다. 초장은 15~25cm 내외로 아래로 처지면서 자란다. 7~8월에 짙은 붉은 자주색의 꽃이 핀다. 암석정원이나 월가든에 늘어지게 식재하여 이용한다.

기린초 / 과명 : 돌나물과 / 학명 : *Sedum kamtschaticum*
생육특성 : 양지바른 산야에 자생한다. 줄기는 지표면의 굵은 뿌리에서 여러개가 나온다. 꽃은 6~8월에 피고 꽃이 지고 난 뒤에 다섯갈래로 갈라진 열매가 줄지어 달린다. 비교적 추위와 더위에 잘 견디며, 특히 건조에 강하다. 과습한 장소를 피하여 식재한다. 주로 건조한 정원, 가로변, 암석정원에 식재하여 관상한다.

섬기린초 / 과명 : 돌나물과 / 학명 : *Sedum takesimense*
생육특성 : 우리나라의 울릉도와 강원도 설악산 지역에 자생하는 다년초이다. 초장은 50cm 정도 자라고 5~6월경에 노란색 꽃이 핀다. 암석정원이나 건조한 화단에 식재하여 이용한다. 우리나라 특산식물이다.

애기기린초 / 과명 : 돌나물과 / 학명 : *Sedum middendorffianum*
생육특성 : 고산지대의 바위 위에 자생하고 있는 다년초이다. 초장은 20cm 내외로 겨울동안 10cm 가량의 밑동이 살아 남아 다시 싹이 나온다. 6~8월에 노란색 꽃이 핀다. 우리나라 강원도 이북지역에 분포한다. 암석정원, 건조한 화단에 식재하여 관상한다.

바위채송화 / 과명 : 돌나물과 / 학명 : *Sedum polytrichoides*
생육특성 : 산지의 바위 위나 건조한 곳에 자생하는 다년초로 초장은 7cm가량 된다. 줄기는 밀생하고 7~9월에 노란색 꽃이 핀다. 어린순은 식용하고 우리나라의 중부 이남지역에 분포한다. 암석정원이나 월가든에 식재하여 이용한다.

땅채송화 / 과명 : 돌나물과 / 학명 : *Sedum oryzifolium*
생육특성 : 바닷가의 바위 위에 자생하는 다년초이다. 초장은 7~12cm로 군생하고, 줄기는 옆으로 뻗으면서 가지가 나온다. 5~7월에 노란색 꽃이 피고, 암석정원이나 월가든에 식재한다.

돌나물 / 과명 : 돌나물과 / 학명 : *Sedum sarmentosum*
생육특성 : 산지와 들의 건조한 지역에 자생하는 다년초이다. 줄기는 땅위로 뻗으면서 자란다. 5~6월에 노란색의 꽃이 피고, 우리나라 전지역에 자생한다. 어린순은 식용하고, 암석정원이나 월가든에 식재하여 이용한다.

바위솔 / 과명 : 돌나물과 / 학명 : *Orostachys japonicus*
생육특성 : 산의 바위 위나 기와지붕 위에 자생하는 다년초이다. 다육질이며, 꽃이 피고 열매를 맺으면 지상부는 고사한다. 9월에 흰색꽃이 핀다. 우리나라 전역에 분포하고 관상용으로 식재한다.

좀바위솔 / 과명 : 돌나물과 / 학명 : *Orostachys minutus*
생육특성 : 고산지역의 바위 위에 자생하는 다년초이다. 자홍색의 꽃이 9~10월에 핀다. 우리나라 전남, 경북, 충북, 경기도 이북에 분포한다.

둥근바위솔 / 과명 : 돌나물과 / 학명 : *Orostachys malacophyllus*
생육특성 : 산이나 바닷가의 바위 위에 자생하는 다년초이다. 흰색 꽃이 9~12월에 핀다. 우리나라 전국에 분포하고 관상용으로 식재한다.

연화바위솔(바위연꽃) / 과명 : 돌나물과 / 학명 : *Orostachys iwarenge*
생육특성 : 바닷가의 절벽 암석 위에 자생하는 다년초이다. 꽃이 피고 열매를 맺은 뒤 지상부는 고사한다. 흰색 꽃이 10~11월에 핀다. 우리나라 제주도에 자생한다. 관상용으로 식재하여 이용한다.

③ 기타 건조에 강한 식물

섬백리향 / 과명 : 꿀풀과 / 학명 : *Thymus magnus*
생육특성 : 울릉도에 자생하는 낙엽 소관목이다. 연한 분홍색 꽃이 9월경에 핀다. 백리향에 비해 원줄기는 굵고 잎은 약간 둥글고 크며 꽃이 크다. 정원에 관상용으로 식재하여 이용한다.

돌마타리(들마타리) / 과명 : 마타리과 / 학명 : *Patrinia rupestris*
생육특성 : 산지에 자생하는 다년초이다. 노란색 꽃이 7~9월에 핀다. 우리나라 충북 이북에 분포한다. 관상용으로 식재하여 이용한다.

은쑥(구와쑥) / 과명 : 국화과 / 학명 : *Artemisia laciniata*
생육특성 : 높은 산에 자생하는 다년초이다. 초장은 20~40cm 이고 근생엽이 방석처럼 퍼진다. 10월에 황갈색의 꽃이 핀다. 백두산에 자생하고 암석정원에 식재하여 이용한다.

상록패랭이 / 과명 : 석죽과 / 학명 : *Dianthys* spp.
생육특성 : 상록성 다년초이다. 봄철에 연분홍 꽃이 아름답다. 양지성 식물로 건조에 강하므로 암석정원이나 도로변에 식재하여 이용한다. 습기에 매우 약하므로 배수관리를 철저하게 하여 주어야 한다.

술패랭이 / 과명 : 석죽과 / 학명 : *Dianthus superbus* var. *longicalycinus*
생육특성 : 산이나 들에서 자생하는 다년초이다. 분홍색 꽃이 7~8월에 핀다. 우리나라 전국에 분포하고 관상용으로 이용한다.

셈프리비붐 / 과명 : 돌나물과 / 학명 : *Semperium* spp.
생육특성 : 유럽 중앙 알프스 지역에 자생하고 있는 다육식물로 추위와 건조에 강하지만 폭염과 여름 과습에 약하다. 관상용으로 화분이나 암석정원에 식재한다.

돌양지꽃 / 과명 : 장미과 / 학명 : *Potentilla dickinsii*
생육특성 : 산지의 바위 틈에 자생하는 다년초로 전체에 누운털이 밀생한다. 우리나라 전역에 분포하고 6~7월에 노란색 꽃이 핀다. 관상용으로 암석정원이나 건조한 곳에 식재한다.

바위구절초 / 과명 : 국화과 / 학명 : *Chrysanthemum zawadskii* var. *alpinum*
생육특성 : 고산지역에 자생하는 다년초이다. 근경이 옆으로 뻗으면서 번식한다. 흰색 또는 분홍색 꽃이 9~10월에 핀다. 우리나라 강원도 금강산, 함남, 함북에 분포한다. 암석정원에 식재하여 관상용으로 이용한다.

한라구절초 / **과명** : 국화과 / **학명** : *Chrysanthemum zawadskii* var. *latilobum*
생육특성 : 해발 1300m 이상에 자생하는 다년초이다. 우리나라 한라산에 자생하는 특산식물이다. 암석정원에 관상용으로 식재한다.

부처손 / **과명** : 부처손과 / **학명** : *Selaginella tamariscina*
생육특성 : 산지의 암벽에 붙어 자생하는 상록다년초이다. 뿌리가 서로 엉켜 헛줄기의 끝에 방사상으로 붙는다. 우리나라 전역에 분포하고, 암석정원에 관상용으로 식재하여 이용한다.

참고문헌

- Bunt, A.C. and Z.J. Kulwiee. 1971. The effect of container porosity on root environment and plant growth. II. Water relations. Plant and soil 35 : 1~16.
- Martin Mosko. 2012. Water garden. Phoenix.
- Philip Swindells. 2002. The master book of the water garden. Bulfinch press.
- Poze(ROZE),A.A. 1955. 土壤と水. 東京大學出版會.
- Teodore Osmundson Fasla. 1999. Roof gardens. Norton.
- Verdonck, O., D.Devleeschauwer and M.Deboodt. 1982. The influence of the substrate to plant
- growth. Acta Hort. 99 : 119~129.
- 강병희 외. 신녹지공간디자인. 기문당.
- 강전유외. 2008. 나무해충도감. 소담출판사.
- 곽혜란·서정남·이애경. 2007. 교실에서 만나는 자연. 부민문화사.
- 김경식·이웅빈 역. 2011. 식물구조학. 월드사이언스.
- 농촌진흥청. 2003. 생활원예. 삼미기획.
- 문성철·이상길. 2014. 나무병해충도감. 자연과생태.
- 박효근·문원·이승구. 2002. 원예학. 한국방송통신대학교출판부.
- 안냐플레미히. 2004. 실내화초기르기. 베텔스만.
- 윤평섭. 2002. 한국원예식물도감. 지식산업사.
- 윤평섭. 2011. 조경학. 문운당.
- 이상석. 2007. 아름다운 정원. 일조각.
- 이영노. 2006. 한국식물도감. 교학사.
- 이창복. 2003. 원색대한식물도감. 향문사.
- 長村智司. 1995. 盆花の培養土と養水分管理. 農文協.

- 土橋 豊. 2002. 園藝·植物用語事典. 家の 光協會.
- 土橋豊. 2002. 園藝·植物 用語事典. 家の光協會.
- 片山純一, 藤井祐子, 長村智司. 1994. 根圈 CO_2か鉢物の生育に及干すづ影響 1. 園學雜. 別63:462~463.
- 한국화훼연구회. 2002. 화훼원예학총론. 문운당
- 한동욱. 1996. 생활원예. 도서출판 서일.
- 홍영표. 1988. 최신화훼재배기술. 명륜당.